역사교육론 입문

歷

역사교육론 입문

김보림 지음

史

충북대학교 출판부

머리말

역사교육을 처음 접하는 많은 사람들로부터 국내의 역사교육 이론서가 너무 어렵다는 말을 많이 듣습니다. 또한 이들 이론서가 현장 학교의 역사교육과 동떨어지고 서양의 이론 위주다보니 우리나라의 교육 현장을 제대로 반영하지 못하는 부분들이 있다고 합니다. 많은 사람들이 역사교육 이론을 공부하면서 "왜 이런 것까지 알아야 하지? 그냥 인기 있는 역사 선생님이 되는 방법을 알려주면 되지 않나?"라는 생각하는 것 같습니다. 저 역시 지금까지 살아있는 역사교육 이론, 실제적 이론, 그리고 굳이 이론과 방법을 나누지 않아도 될 좋은 수업 방법에 도움이 되는 이론이 무엇일까를 고민해 왔습니다.

해방 이후 독립된 국가를 재건하기 위해 식민지 역사교육을 청산하는 작업은 필수적이었습니다. 그러나 미군정에 의한 서구의 사회과 교육이 그 자리를 대신하면서 한국의 역사교육은 학교 교육과정에서 필수와 선택, 독립과 융합을 번복하면서 고질적인 문제를 안고 지금에 와 있습니다. 한국적 역사교육 이론과 방법의 정립이 중요함에도 불구하고 6 · 25전쟁, 식민지 미청산 등의 역사교육 외적 문제와 함께 지금까지 그 과제가 미루어지고 있는 실정입니다.

해방 직후 뜻있는 역사교육 연구자와 교사 등을 중심으로 한 역사교육연구회가 성립되고 바람직한 역사교육 이론을 한국적 실정에 맞게 정립하기 위한 노력이 경주되었습니다. 또한 이원순, 윤세철 등을 중심으로 일본, 미국 등에서의 연구 성과를 소개한 이론서가 1990년대 처음으로 역사교육론 개설서로서 출간되었습니다.

1990년대 이후 출간된 역사교육 관련 대표 개설서는 크게 역사교육의 이론과 방법을 중심으로 아래의 표와 같습니다. 표에 나온 개설서들은 임용고시의 대표적 수험서이기도 합니다.

〈표 1〉 1990년대 이후 역사교육 관련 저서

항목	저 자	저 서 명	출판사	출간년도	특 징
1	이원순 외	역사교육론	삼영사	1995	이론과 방법
2	양호환 외	역사교육의 이론과 방법	삼지원	1997	이론과 방법
3	정선영 외	역사교육의 이해	삼지원	2001	이론과 방법
4	최완기	역사교육과 학습내용의 선정	느티나무	2003	이론
5	김한종 외	역사교육과 역사인식	책과함께	2005	이론
6	최상훈 외	역사교육의 내용과 방법	책과함께	2007	이론과 방법
7	김한종	역사수업의 원리	책과함께	2007	방법
8	양호환 외	역사교육의 이론	책과함께	2009	이론
9	최상훈 외	역사과 평가의 이론과 실제	책과함께	2012	이론과 방법

위의 표에서 살펴본 바와 같이 1990년대 총 2권, 2000년대 이후 총 7권 정도가 출간되었습니다. 특징적으로는 1990년대 출간된 『역사교육의 이해』(2001)는 이후 『역사교육의 내용과 방법』(2007)과 『역사교육의 이론』(2009)으로 분류되어 내용을 첨가, 보강한 후 출간되었다는 점입니다. 『역사교육의 이해』가 이론과 방법을 모두 다룬 것에 반해 2000년대 출간된 책 두권은 이론, 방법으로 구분한 것입니다. 실제로 이 두 책은 역사교육 기본서로서 현재까지 알려져 있습니다.

이처럼 역사교육론 관련 저서는 그 양에서 많지 않은 것이 특징적입니다. 지금까지 나온 저서들의 문제점은 첫째, 최근 개정된 역사 교육과정을 반영하고 있지 않다는 점입니다. 2009년 이후 바뀐 교육과정이 반영되지 않고 있습니다. 둘째, 역사교육을 이해하고자 하는 독자들에게 역사교육이 쉽고 실제적인 학문임을 알리기보다 외국의 이론을 많이 가져와 역사교육에 대한 이해를 오히려 어렵게 하고 있는 점입니다. 이는 번역의 오류도 많이 보이고 있는 점과 관련이 있습니다. 셋째, 한국적, 현장적 역사교육의 부재입니다. 한국적 역사교육을 살펴보기 위해서는 다문화 사회 교육현장, 북한 역사교육 등 현재 교육 현장의 특징을 알아야 합니다. 또한 방법을 다루고 있는 저서조차도 다양한 수업 활용의 예를 싣고 있지 않아 이론과 방법이 조화롭게 읽히지 않는다는 점입니다. 넷째, 내용 간의 모순입니다. 각 장을 다른 저자들이 공동으로 저술하다 보니 서로 다른 내용이 한 책에서 나와 독자들을 혼란스럽게 합니다.

본 저서에서는 역사교육을 처음 접하는 입문자들, 예비 교사, 현직 교사들에게 역사교육 이론과 방법을 제시하고 최근의 경향을 제시함으로써 지금까지 출간된 개설서들의 문제점을 보완하고 한국적 역사교육의 입문서로서 쉽게 이해될 수 있는 내용을 싣고자 합니다.

본 저서는 첫째, 역사교육 용어와 개념을 쉽게 풀이하여 역사교육에 관심 있는 연구자나 교사들이 손쉽게 역사교육의 이론과 실제를 살펴볼 수 있도록 합니다. 둘째, 최근 연구 경향과 교육과정을 분석하여 역사교육 현장에 가까운 개론서로서 역할을 담당할 수 있도록 합니다. 셋째, 예비교사가 역사교육론에 대한 전반적인 이해를 할 수 있는 입문서가 부재한 상황에서 본 저서를 통해 역사교육론을 쉽게 이해할 수 있도록 합니다. 넷째, 일선의 현장 교사들도 본 저서가 제안하는 학습지도안을 활용하여 역사수업에 바로 임할 수 있도록 현장성과 실제성을 특징으로 합니다.

본 저서는 현재 일반인이나 예비 교사, 현장 교사들이 한국적 상황에 맞는 역사교육 이론과 실제에 대한 쉬운 입문서가 부족한 상황에서 역사교육 제반 이론들을 다루면서도 최근의 역사교육 과정 소개와 분석 등을 소개하여 최근 교육 경향에 맞는 역사교육 입문서로서 역할을 다할 것입니다. 또한 실제 수업에 활용할 수 있는 내용이나 자료를 풍부하게 제시하여 기존 역사교육 개론서의 문제점을 보완하고 새로운 연구 성과를 반영하고자 합니다. 최근 경향의 역사 교재와 수업 방법에 대한 방향을 모색하면서, 역사교육 학습에도 도움을 주기 바랍니다.

마지막으로 이 책이 출간되기까지 애써주신 충북대학교 출판부에 감사드리며, 제가 마음껏 연구에 매진할 수 있도록 언제나 무한한 신뢰를 주시는 어머니께 감사와 사랑을 전합니다.

2017년 6월

저자 김보림

목 차

I 예비 역사 교사, 역사교육론을 처음 접하다.: 교육학? 역사교육? 역사?

1. 예비 역사교사가 되다: 역사교육학은 무엇인가

여러분들이 역사교사가 되기로 결심한 계기는 무엇인가? 다년간 역사교육과로 진학한 학생들과의 면담을 통해 아래와 같은 계기로 집약됨을 알 수 있었다.

① 교사가 되고 싶은데 그 중에서 역사 과목이 좋아서

② 어릴때부터 역사가 좋았는데, 사범대학으로 진학하면 교사자격증이 나오므로

③ 학창 시절 재미있고 의미 있게 역사를 가르쳐 주신 한 선생님께 영향을 받아서

어쨌거나 사범대학 역사교육과를 진학한 학생들은 주로 인문대학에 소속되어 있는 사학과와 다른 대학 커리큘럼에 막연하게 '역사가 좋아서' 왔다가 생전 처음 대하게 되는 역사교육론 관련 과목에 크게 당황해하는 경우를 많이 볼 수 있다.

생각과 다르게 역사교육론 관련 과목은 '그냥 많이 알고 잘 가르치면 되지'라고 생각했던 과목이라고 하기에는 '임용시험'이라는 난관을 거쳐야 하는 예비 역사교사들에게 가장 어려운 과목이 되기 쉽다.

현 사범대학의 교육과정에서 역사교육론 관련 과목은 주로 역사교육론, 역사과 교재연구 및 지도법, 역사과 논리 및 논술 등의 과목이다. 현재 국내에 있는 역사교육론 관련 개론서를 암기하고 이해하는 것으로 임용시험에서는 문제를 풀 수 있도록 난이도를 조절하지만, 많은 외국인 학자들의 주장과 번역 논문들을 집약한 개론서를 대학 4년이

란 세월동안 이해하기에는 역부족일 수도 있을 것이다. 하지만 역사교육론 과목이 정작 임용시험에서는 많은 비중을 차지하기 때문에 수험생에게는 많은 부담이 생긴다.

그럼, 역사교육론이란 무엇인가? 사범대학의 역사교육과를 인문대학의 사학과와 차별을 두게 하는 주요한 학문이 아닐 수 없다. 이전에는 '잘 가르친다'라는 것에 큰 의미를 두지 않았던 시절이 있었다. 광복 이후 어려운 여건 속에서 교사의 자격을 갖춘 사람들이 많지 않았던 터에 '잘 가르친다'라는 것은 '내용을 많이 아는 것'과 동일시되었다. 하지만 학문은 발전하여 역사교육 이론은 보다 정교화되고 현장 중심적이 되어 가고 있다. 따라서 역사교육론을 논할 때는 학교, 학생, 교실, 수업 등을 떠나서는 말할 수 없을 것이다.

역사교육학이 무엇인가에 대해서는 다음과 같이 맛있는 스파게티에 비유해 볼 수 있다. 예를 들어 삶은 면과 해산물이 테이블 위에 있다고 하자. 이 둘을 아무리 섞어 본들 맛있는 스파게티를 맛볼 순 없을 것이다. 즉 삶은 면(내용, 역사학)과 해산물(방법, 교육학)이 적절한 소스(역사교육학만의 독특한 이론: 역사적 상상, 역사적 사고, 역사 내러티브, 역사적 감정이입 등)에 의해 자연스럽게 섞여질 때 맛있는 스파게티(역사교육학)가 성립될 수 있다. 즉, 역사교육학은 단순히 역사학(내용)과 교육학(방법)의 합이 아니라 여기에 알파 요소, 즉 역사교육학만의 독특한 이론이 자연스럽게 섞인 보다 심오한 것이다.

〈그림 1〉 역사교육학에 대한 비유

2. 사범대학 역사교육과의 커리큘럼

같은 대학교 내의 사범대학 역사교육과와 인문대학의 사학과의 목표와 커리큘럼을 비교하면 역사교육과의 특성이 돌출되기 쉽다.

우선 실제 우리나라 A 대학교의 사례를 살펴보도록 하자.

〈표 1〉 A대학교 역사교육과와 사학과의 교육 목표 및 개설 교과목 비교

구분	목표
역사교육과	중등교육기관에서 필요한 역사과(국사, 세계사)교사의 양성
사학과	종합학문으로서의 전문 리더 양성

구분	개설교과목					
	역사일반	한국사	동양사	서양사	역사교육론	기타
역사교육과	역사학개론	한국사개론 한국고대사 한국중세사 한국근세사 한국현대사 한국사회경제사 한국사학사 한국사상문화사 한국사사료교육 한국근현대사 현대세계와 한국 한국대외교류사	동양사개론 동양고대사 동양중세사 동양근대사 동양현대사 동양사사료교육 동서교류사 동양사학사	서양사개론 서양고대사 서양중세사 서양근대사 서양사사료교육 서양사학사 서양현대사 아메리카사 20세기 현대사	역사와 역사교육 역사교육론 역사과 교재연구 및 지도법 역사과 논리 및 논술	서남아시아사 아프리카사 인도, 동남아시아사 역사현장답사 교육
사학과	사적해제 중세에서 근대로의 이행 사학개론 지방사연습 박물관학과 역사	한국고대사 고려시대사 조선전기사 조선후기사 한국근대사 한국현대사 한국제도사 한국사특강 한국사학사 한국사강독	중국사개설 중국고대사 동양중세사 중국현대사 일본사 중국풍속사 명청시대사 동양사특강 동양사강독 사기열전 동아시아의 근대와 제국주의	서양사개설 서양고대사 서양중세사 미국사 서양근대사 서양현대사 서양사특강 서양사강독		고적답사 I 고적답사 II 이슬람사

위에서 살펴본 바와 같이 두 학과의 한국사, 동양사, 서양사 및 기타사에 대한 교육과정상의 과목은 크게 다르지 않다. 다만 인문대학 사학과의 경우 왕조사 명을 따서 보다 세부적으로 학습하고자 하는 상황을 엿볼 수 있다. 또한 역사 일반적인 과목이 사범대학의 역사교육과보다 많다. 대신 역사교육론 과목은 당연한 것이지만 사범대학에서만 보이는 특수한 교육과정임을 알 수 있다. 교과교육학이 한국에서 자리를 잡아가기 시작한 지 50여년이 넘는 시간이 흘렀다. 이제는 '많이 알면 잘 가르칠 수 있다'라는 생각은 지양되어야 한다. 제4차 산업혁명기를 맞이하여 지식이 더욱 세분화되고 전문적인 지식을 추구하는 시기가 되었다. 역사교육만이 가진 이론들이 발굴되어지고 있으며 이에 대한 학문적 존중이 필요한 시기이다.

Ⅱ/ '중등임용시험'이란 무엇인가

여러분들이 사범대학에 입학하여 정해진 교육과정을 제대로 밟아나간다면 사범대학의 졸업을 할 시점이 되어 역사 과목에 대한 '중등 제2급 정교사 자격증'을 받게 될 것이다. 이 자격증은 전국의 사립 중고등학교의 역사 교사 채용에 원서를 낼 수 있는 증명서이다. 또한 전국의 국공립 중고등학교의 역사 교사 채용 시험을 볼 수 있는 자격증명서이기도 하다. 즉 이 자격증 없이는 어떠한 방법을 통해서도 정식적인 사립, 국공립 중고등학교의 교사가 될 수 없다.

초등학교 교사가 되고 싶은 경우에는 일반적으로 전국의 '교육대학교'에 진학해야만 하니, 사범대학에서 발급하는 교사 자격증은 중등, 즉 중고등학교에만 해당된다는 사실을 주의해야 한다.

우리나라의 중등임용시험제도는 많은 변천을 거쳐왔다.

1991년부터 처음 시작된 임용시험의 공식 명칭은 '공립 중등학교 교사 임용 후보자 선정 경쟁시험'이다. 즉 명확하게는 '임용 후보자를 선정'하는 것이다. 신임 교원의 근무지는 되도록 교원이 희망하는 곳이나 집과 가까운 곳을 배정하도록 하고 있다. 다만 학기 중에 신규로 임용할 경우 또는 교원 수급 상 불가피한 경우에는 예외이다. 근무 희망 지역에 경합이 있을 때에는 임용후보자명부의 순위(공립 중등학교 교사 임용 후보자 선정 경쟁시험 순위)에 의해 배치한다.(«교육공무원인사관리규정» 제3조)

중등임용시험이 실시된 이후에는 중등학교 정교사 2급 자격을 가진 사람은 누구라도 시험을 통해 교원이 될 수 있도록 하였다. 2017년 현재 시험 출제 기관인 한국교육과정평가원이 제시하고 있는 시험에 대한 정보는 아래와 같다.

1. 시험의 방법[1]

2008년부터 2014년 이전에는 1차 전공 객관식 문제, 2차 전공 서술 및 논술식 문제, 3차 수업실연 및 면접 등으로 이루어졌던 임용시험은 2014년 이후 최근까지 1차와 2차의 두 단계로 나누어 실시되었으며 한국사능력검정시험 3급 이상이라는 자격 요건을 요한다. 1차 시험에서 최종 합격 인원의 120~150%(시도 교육청별 다름)을 뽑고 2차 시험에서 최종 선발한다.

① 1차 시험

1차 시험에서는 1교시 교육학, 2교시 전공 A, 3교시 전공 B를 치르게 된다.

〈표 2〉 1차 '임용시험' 체계

<table>
<tr><th>교시</th><th>1교시 : 교육학</th><th colspan="2">2교시 : 전공 A</th><th colspan="3">3교시 : 전공 B</th></tr>
<tr><td>출제 분야</td><td>교육학</td><td colspan="2">교과교육학(25~35%)</td><td colspan="3">교과내용학(65~75%)</td></tr>
<tr><td>시험 시간</td><td>60분
(09:00~10:00)</td><td colspan="2">90분
(10:40~12:10)</td><td colspan="3">90분
(12:50~14:20)</td></tr>
<tr><td>문항 유형</td><td>논술형</td><td>기입형</td><td>서술형</td><td colspan="2">서술형</td><td>논술형</td></tr>
<tr><td>문항수</td><td>1문항</td><td>8문항</td><td>6문항</td><td>5문항</td><td>2문항</td><td>1문항</td></tr>
<tr><td>문항당 배점</td><td>20점</td><td>2점</td><td>4점</td><td>4점</td><td>5점</td><td>10점</td></tr>
<tr><td>교시별 배점</td><td>20점</td><td colspan="2">40점</td><td colspan="3">40점</td></tr>
</table>

1차 시험은 1교시 교육학, 2교시 전공 A, 3교시 전공 B로 구성된다. 교육학은 논술형 1문항이 나오며 배점은 20점이다. 전공은 교과교육학과 교과내용학으로 기입형, 서술형, 논술형으로 총 80점이다.

1) 시험방법에 대해서는 한국교육과정평가원 홈페이지에 안내되어 있다.

② 2차 시험

2차 시험은 시도교육청마다 시간을 달리하고 시험의 종류도 조금씩 다르다. 대개 수업실연, 실기 또는 실험과 같은 수업 능력 평가와 교직적성 심층면접 등으로 구성된다. 단 2차 시험은 시도별, 과목별로 다를 수 있다. 최근 들어 2차 시험이 중요해 지면서 20분간의 수업 실연 중 5분간 질의응답을 첨가하는 시도교육청이 늘고 있으며 심층면접의 경우에도 집단 면접 등의 다양성을 추구하고 있는 반면, 교수 · 학습 지도안 작성은 변별도가 떨어지기 때문에 생략하는 시 · 도 교육청이 늘어나고 있다.

〈표 3〉 2차 '임용시험' 체계

시험 과목	시험 시간
- 교직적성 심층면접 - 교수 · 학습 지도안 작성 - 수업능력 평가(수업실연, 실기 · 실험)	시 · 도교육청 결정

2. 출제 범위 및 내용

① 1차 시험

교육학의 내용은 교육학 개론, 교육철학 및 교육사, 교육과정, 교육평가, 교육방법 및 교육공학, 교육심리, 교육사회, 교육행정 및 교육경영, 생활지도 및 상담으로 구분된다.(교육부 고시 제2915-73호, 2015. 10. 1 별표2 '교직고목의 세부 이수기준')

전공 A와 전공 B 시험과목은 교과교육학과 교과내용학으로 구성되어 있다. 교과내용학은 전체 전공 문항 중 65~75%, 교과교육학은 25~35%로 구성되며 시험 범위는 '교사자격종별 및 표시과목별 기본 이수과목 또는 분야'에 제시된 과목(교육과학기술부 고시 제2012-27호)이다. 또한 임용시험 공고일을 현재로 하여 교육부에 고시된 총론과 각 교과의 교육과정(별책)이 시험범위에 포함된다.

〈표 4〉 1차 '임용시험' 시험과목 및 출제 범위

교시	시험과목	출제 범위 및 내용
1교시	교육학	교육학 개론, 교육철학 및 교육사, 교육과정, 교육평가, 교육방법 및 교육공학, 교육심리, 교육사회, 교육행정 및 교육경영, 생활지도 및 상담(교육부 고시 제2015-73)
2교시	전공 A	(교육과학기술부 고시 제2012-27호 참조) - 교과교육학(문항 출제 비율: 25~35%) (임용시험 시행 공고일 현재 국가 교육과정 총론 및 각 교과 교육과정 포함) - 교과내용학(문항 출제 비율: 65~75%)
3교시	전공 B	

〈표 5〉 '역사' 교사자격종별 및 표시과목별 기본이수과목(또는 분야)

표시과목	관련학과 또는 학부	기본이수과목(또는 분야)
역사 History	역사교육, 역사학 및 관련되는 학부 (전공 · 학과)	(1) 역사교육론(또는 사회교육론) (2) 역사학방법론(역사학개론, 사료강독) (3) 분야사(한국근현대사, 한국사회경제사, 한국사상 · 문화사, 한국대외교류사, 동서교류사, 사학사) (4) 한국사(한국고대사, 한국중세사, 한국근세사, 한국근대사) (5) 세계사(동아시아 고대사, 동아시아 중세사, 동아시아 근세사, 동아시아 근대사, 서양고대사, 서양중세사, 서양근대사, 인도 · 동남아시아사, 서남아시아 · 아프리카사, 아메리카사) (6) 현대사(한국현대사, 동아시아현대사, 서양현대사, 20세기현대사, 현대세계와한국)

② 2차 시험

역사 임용시험에서는 실험이나 실기는 보지 않고 수업실연과 교직적성 심층면접을 기본적으로 제2차 시험의 시험과목으로 구성하며 시도교육청에 따라 집단 상담, 교수 학습 지도안 작성 등을 보기도 한다.

〈표 6〉 2차 '임용시험' 시험과목, 출제 범위, 문항수

시험과목	출제 범위 및 내용	문항수
교직적성 심층면접	교원으로서의 적성, 교직관, 인격 및 소양	4문항
교수 · 학습 지도안 작성	교수 · 학습 지도안 작성	1문항
수업실연	수업실연	1문항

3. 출제의 원칙과 채점 방법

한국교육과정평가원이 2017년 현재 밝히고 있는 출제의 원칙은 아래와 같다.

- 중등학교(특수학교 포함) 교사에게 필요한 전문 지식과 자질을 종합적으로 평가한다.
- 학교 교육 현장에서 실제적으로 적용할 수 있는 지식, 기능, 소양을 종합적으로 평가한다.
- 지식, 이해, 적용, 분석, 종합, 평가, 문제해결, 창의, 비판, 논리적 기술 등을 종합적으로 평가하기 위해 다양한 문항 유형으로 출제한다.
- 중등학교 교사 양성기관의 교육과정을 충실히 이수한 자면 풀 수 있는 문항을 출제한다.
- '중등교사 신규임용 시도공동관리위원회'가 발표한 『표시과목별 교사 자격 기준과 평가 영역 및 평가 내용 요소』를 참고하여 출제한다.

이러한 요소들을 참조하여 시험을 출제한 후 채점은 아래의 절차를 밟아 진행된다.

〈표 7〉 '임용시험' 채점 절차

채점위원 워크숍	문항의 평가 목표, 채점 기준, 모범 답안 숙지
가채점	채점위원 간 동일 문항, 동일 답안에 대한 가채점 실시, 가채점 결과에 대해 채점위원들이 비교 · 협의하여 채점 기준의 일치도 제고, 채점위원 간 신뢰도 확보
채점기준의 수정 · 보완	필요한 경우 정해진 절차에 따라 채점 기준을 수정 · 보완하여 채점위원 3인이 모든 답안지에 동일하게 적용
채점위원 3인의 독립 채점	확정된 채점 기준에 따라 하나의 답안에 대하여 3인이 독립적으로 채점 후 평균 점수 산출

〈2004년부터 2016년까지의 역사 기출문제를 풀어보자〉[2)]

2006년 4번 문제

4. 다음 빈 칸 ㉮에 들어갈 용어를 쓰고, 영상 자료를 역사 수업에 활용할 때 ㉮를 고려한 지도상의 유의점 1가지를 쓰시오. [3점]

> 영화와 다큐멘터리, 드라마와 같은 영상 자료를 역사 수업에 활용할 경우, 학습자의 학습동기와 흥미를 자극할 수 있다. 또한 학생들의 역사적 상상력을 구체화하여 생생하고 오래 기억되는 학습 경험을 제공할 수 있다.
> 일반적으로 영상 자료를 활용한 역사 이해는 ①역사적 사실과 정보의 이해, ②역사적 시간성의 이해, ③맥락과 상황의 이해, ④감정이입적·상상적 이해, ⑤자료에 담겨 있는 역사적 사실에 대한 (㉮)(을)를 추구한다.

• ㉮ : ....

• 유의점 : ....

2006년 5번 문제

5. 다음 빈 칸 ㉮, ㉯에 해당하는 용어를 쓰고, <u>역사교과서의 내용서술 면에서</u> ㉮, ㉯ 교과서의 문제점을 각각 1가지만 쓰시오. [3점]

> 한국의 교과서 발행제도는 「국사」의 경우 1974년부터 (㉮) 교과서로 바뀐 이후 현재(제 7 차 교육과정기)까지 국가에서 발행하는 단일 교과서가 보급되어 왔다. 세계사의 경우 중학교에서는 「사회」 교과서에 일반사회, 지리영역과 통합되어 (㉮) 교과서로 발행되다가, 제 7차 교육과정부터 (㉯) 교과서로 바뀌었다. 고등학교에서는 『세계사』가 대체로 (㉯) 교과서 체제로 발행되고 있다. 제 7 차에서 새로 등장한 『한국 근현대사』 역시 (㉯) 교과서로 발행되고 있다.

• ㉮ : .... • ㉯ : ....

• ㉮ 교과서의 문제점 : ....

• ㉯ 교과서의 문제점 : ....

---

2) 임용시험의 기출문제는 한국교육과정평가원 홈페이지에 탑재되어 있다.

2009년 2차 4번 문제

4. 박 교사는 14~15세기 중국 해상 무역에 관한 (가)~(다) 사료를 활용하여 다음과 같이 수업을 계획하였다. 다음 물음에 답하시오. [25점]

[수업 설계]

문제 제시		사료 결정		문제 추구		정 리
ㅇ 주제, 목표 제시 ㅇ 문제 파악	➡	ㅇ [㉠] ㅇ 사료 제공 ㅇ 문제 해결 방안 모색	➡	ㅇ 사료 분석, 비판 ㅇ 사료 해석, 종합 ㅇ 발표, 토의	➡	ㅇ 교사의 정리 ㅇ 보고서 작성

4-2. 박 교사가 수업에 (가)~(다) 사료를 활용할 때 나타날 수 있는 문제점에 유의하여 ㉠단계에서 교사의 역할을 서술하시오. 그리고 사료 학습의 유용성을 설명하시오. [7점]

> (다) 중국은 물자가 충분하기 때문에 外夷에 의존할 필요가 없습니다. 그러나 外夷는 중국의 물자가 없어서는 안됩니다. 그러므로 몰래 밀거래하는 폐단을 근절하고자 하여도 근절시킬 수 없습니다. 비록 律에 분명히 금지시켰지만 이익이 있는 곳에는 백성이 죽음을 두려워하지 않습니다.
>
> 『大學衍義補(1487)』

2010년 1차 9번 문제

9. 다음 설명에서 교사가 의도하고 있는 '수업 목표'와 '수업 방법'을 적절하게 제시한 것을 고른 것은?

> 광해군은 명나라가 약해지고 후금이 강해지자 신중한 외교정책을 썼어요. 명나라에서 원군을 요청했을 때 강홍립을 보내 정세에 따라 대처하도록 했지요. 그래서 조선은 후금과의 전쟁을 피할 수 있었어요. 그런데 인조반정을 일으킨 서인은 광해군 때와는 달리 명을 가까이하고 후금을 배척하는 외교정책을 펼쳤어요. 그래서 조선은 두 차례에 걸쳐 침략을 받게 된 것이지요.

	수업 목표	수업 방법
(가)	후금의 침입 원인을 조선의 대외 정책과 관련지어 파악할 수 있다.	당시 상황을 보여주는 사료를 분석하여 발표하는 수업을 전개한다.
(나)	광해군이 중립 외교 정책을 추진한 이유를 설명할 수 있다.	인물의 행위결정모형을 적용하여 수업을 전개한다.
(다)	서인이 일으킨 인조반정의 과정을 알 수 있다.	이야기 자료를 재구성하여 극화 수업을 전개한다.
(라)	광해군과 서인의 외교정책을 평가할 수 있다.	역사 개념을 인식시키는 수업을 전개한다.

① (가), (나)　② (가), (다)　③ (나), (다)
④ (나), (라)　⑤ (다), (라)

2011년 1차 4번 문제

4. 다음은 일제강점기에 대한 교수·학습 활동 중에 교사가 학생들에게 나누어 준 학습 자료이다. (가), (나)에 대한 설명으로 옳은 것만을 〈보기〉에서 모두 고른 것은?

(가)

1910-1919

1910 • 8월. 국권피탈, 조선총독부* 설치.
• 9월. 토지조사사업 시작.
• 10월. 데라우치 마사타케[寺內正毅], 초대 조선총독에 임명됨.
• 12월. 회사령 공포.

1911 • 8월. 제1차 조선교육령** 공포.

1915 • 12월. 조선광업령 공포.

1917 • 1월. 이광수, 장편소설 『무정』 매일신보에 연재.

1919 • 3월. 3·1운동 일어남.
• 10월. 경성방직 주식회사 설립.

(조선총독부 건물)

* **조선총독부** 총독부는 총독관방 외에 총무부·내무부·탁지부·농상공부·사법부의 5부로 구성되었다. 조선 총독은 최고 권력자로서 행정권, 입법권, 사법권 및 군사 통솔권을 지녔다.

** **제1차 조선교육령** 1911년 8월 23일 칙령 제229호로 제정되었다. 「교육에 관한 칙어」의 취지에 의거하여 "충량(忠良)한 국민을 육성하는 것"과 "시세(時勢)와 민도(民度)에 맞도록 교수하는 것"을 그 목적으로 삼았다. 이에 따라 일본어 보급을 위한 보통교육을 실시하고 실업교육을 강조하는 등 차별적인 교육을 실시하였다.

(나)

학습 활동 : 중요한 역사적 사실들을 백연표에 채워 보자.

	한국사				세계사
	정치	경제	사회	문화	
1910 ⋮					
1920 ⋮					
1930 ⋮					
1940 ⋮ 1945					

〈보기〉

ㄱ. (가)는 역사적 사건의 발생 시기는 물론 그 사건의 내용을 보여주므로 참고 자료의 역할을 할 수 있다.

ㄴ. (가)는 개별적인 역사적 사실들을 영역별로 분류하여 역사적 사실 간의 위계와 인과관계를 이해하는데 효과적이다.

ㄷ. (나)는 학생들이 직접 작성하는 작업을 통해 어떤 역사적 사실이 중요한지 판단하고 그 이유를 생각하도록 돕는다.

ㄹ. (나)는 학생들이 학습을 끝낸 후 배운 내용을 중심으로 작성하면 역사적 사실의 흐름과 연관성을 정리하는데 유용하다.

① ㄱ, ㄴ, ② ㄱ, ㄷ ③ ㄴ, ㄹ
④ ㄱ, ㄷ, ㄹ ⑤ ㄴ, ㄷ, ㄹ

2011년 1차 5번 문제

5. ㉠~㉣과 관련된 설명으로 적절한 것만을 〈보기〉에서 모두 고른 것은? [1.5점]

㉠ 사료는 역사적 사실이 일어났던 때와 같은 시기에 작성되었는가 여부에 따라 1차 사료와 2차 사료로 나눌 수 있다. ㉡ 사료 중에는 역사적 사실을 압축적으로 서술하거나 비유적으로 표현하는 경우가 있어 유의할 필요가 있다.

사료를 활용한 수업을 할 때, ㉢ 교사는 학습자의 수준을 고려하여 적절한 지도 방안을 마련하여야 한다. 또한 ㉣ 교사는 같은 역사적 사실이나 인물을 놓고 사료들 간에 해석의 차이가 나타난다는 점에도 유의하여야 한다.

〈보기〉

ㄱ. ㉠ - 안정복의 『동사강목』을 고구려의 역사를 연구하는데 이용한다면 1차 사료가 되지만, 안정복의 학문이나 사상을 연구하기 위한 자료로 이용한다면 2차 사료가 된다.

ㄴ. ㉡ - 독재체제 하에서 발견된 신문을 사료로 활용할 경우, 당시 사회 상황에 비추어 해석하는 것이 바람직하다.

ㄷ. ㉢ - 교사는 수업 자료로 선택한 사료에 학생들이 해석하기 어려운 한자어나 외국어가 있을 경우 알기 쉽게 표현하여 제시할 수 있다.

ㄹ. ㉣ - 교사는 『선조실록』과 류성룡의 『징비록』에 서술된 이순신에 관한 서로 다른 평가를 학생들에게 소개하여 비교해 보도록 할 수 있다.

① ㄱ, ㄷ, ② ㄱ, ㄹ ③ ㄴ, ㄷ
④ ㄱ, ㄴ, ㄹ ⑤ ㄴ, ㄷ, ㄹ

2012년 1차 1번 문제

1. ㉠~㉣과 관련하여 교사가 유의할 점으로 적절한 것만을 〈보기〉에서 있는 대로 고른 것은? [1.5점]

〈김 교사의 수업 계획안〉

1. 이번 단원에서 학습한 인물 가운데 한 사람을 선정하도록 한다.
2. ㉠ 해당 인물과 관련된 자료를 조사하고 인물이 역사적 행위를 결정하게 된 과정을 분석하도록 한다.
   - 인물의 생애 및 성향
   - ㉡ 인물이 살았던 시대적 상황
   - ㉢ 인물의 대표적인 역사적 행위
3. ㉣ 역사적 맥락 속에서 행위의 의미를 평가하도록 한다.
4. 분석 및 평가 내용을 보고서로 작성하고 발표하도록 한다.

〈보기〉

ㄱ. ㉠ - 역사자료에는 자료를 만든 사람의 해석이나 관점이 개입되어 있다는 점에 유의하도록 한다.

ㄴ. ㉡ - 인물이 행위를 결정하는 데 영향을 미친 시대적인 조건을 강조한 나머지 개인의 주체적인 의지를 과소평가하지 않도록 한다.

ㄷ. ㉢ - 과거의 관점을 배제하고 현재의 관점에서 인물의 행위를 이해하도록 한다.

ㄹ. ㉣ - 인물에 대한 다양한 해석이나 평가가 가능하다는 점에 유의하도록 한다.

① ㄱ, ㄴ, ② ㄴ, ㄷ ③ ㄷ, ㄹ
④ ㄱ, ㄴ, ㄹ ⑤ ㄱ, ㄷ, ㄹ

2012년 1차 2번 문제

5. (가), (나)에 대한 설명으로 옳은 것만을 〈보기〉에서 있는 대로 고른 것은?

(가)

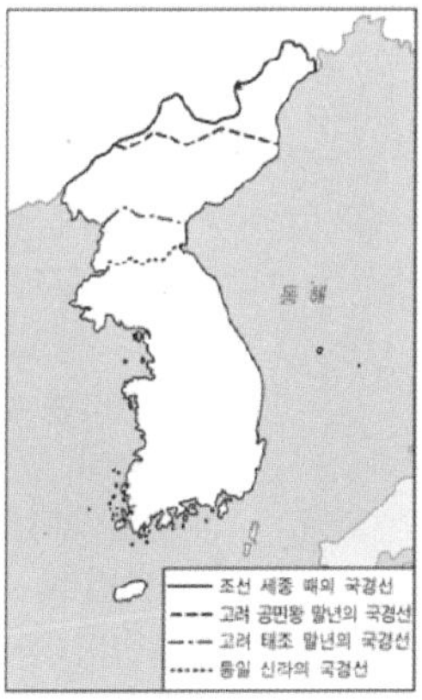

(나)

〈보기〉

ㄱ. (가)는 각기 다른 시점에 일어난 사실들을 하나의 지도에 표현하고 있다.

ㄴ. (가)에 표기할 사실을 선택하는 과정에서 지도 제작자의 해석이 개입되어 있다.

ㄷ. (나)는 다양한 주제와 관련된 역사적 사실들을 종합적으로 나타내고 있다.

ㄹ. (나)는 선택한 주제와 관련하여 일정 공간에서 일어난 변화상을 파악하는데 효과적이다.

① ㄱ, ㄴ ② ㄴ, ㄷ ③ ㄷ, ㄹ
④ ㄱ, ㄴ, ㄹ ⑤ ㄱ, ㄷ, ㄹ

2013년 1차 4번 문제

4. (가)~(라)의 수업 계획을 실행하려는 교사의 수업 방법으로 적절한 것만을 〈보기〉에서 있는 대로 고른 것은?

(가) 조선 후기의 인문지리지를 활용하여 임진왜란 이후 경상도 지역의 인물과 풍속 등을 중심으로 지역사를 탐구하도록 한다.
(나) '15~16세기의 세계'라는 주제로 유럽 중심의 세계사 관점을 비판적으로 이해하도록 한다.
(다) 통일 신라 말의 한 인물과 관련한 자료에 기초하여 그의 생각과 행적을 써 보도록 한다.
(라) 추체험을 통해 조선 시대 사람들의 생활상에 대해 이해하도록 한다.

〈보기〉

ㄱ. (가) - 『경상도지리지(慶尙道地理志)』, 『신증동국여지승람』을 주(主) 사료로 활용하여 사료 학습을 실시하도록 한다.
ㄴ. (나) - 명(明)의 영락제, 오스만 제국의 술레이만 1세 시기의 발전상을 동시대 유럽의 국가들과 비교하도록 한다.
ㄷ. (다) - 『계원필경』, 『삼국사기』 등의 자료를 토대로 최치원의 전기(傳記)를 작성하도록 한다.
ㄹ. (라) - 학생들을 모둠으로 나누어 '양반의 생활', '중인의 생활', '상민의 생활', '천민의 생활'이란 소주제 연극을 구성하는 극화 수업을 실시하도록 한다.

① ㄱ, ㄴ, ② ㄱ, ㄹ, ③ ㄴ, ㄷ
④ ㄱ, ㄷ, ㄹ ⑤ ㄴ, ㄷ, ㄹ

2013년 1차 8번 문제

8. 다음은 김 교사의 교수 · 학습 지도안이다. 밑줄 친 ㉠~㉤에 대한 설명으로 옳은 것은? [1.5점]

수업주제	고구려의 대외 발전
학습목표	- 고구려가 대외적으로 발전할 수 있었던 원인을 설명할 수 있다. - 고구려와 신라의 관계를 알 수 있는 근거를 열거 할 수 있다.
도 입	- 전시 학습내용 확인 - 학습목표 제시
전 개	- 컴퓨터와 프로젝션 TV를 통해 무용총 수렵도를 비롯한 고구려의 ㉠ 고분 벽화를 보여 주면서 고구려가 강력한 군사력을 가질 수 있었던 이유를 설명한다. - ㉡ 광개토대왕릉비 사진을 보여주고 ㉢ "비석이 어느 왕 때 만들어 졌을까요?"라고 제작시기를 확인하는 질문을 한다. - 광개토대왕릉비에 새겨진 내용을 통해 고구려와 신라의 관계를 설명한다. - ㉣ 경주 호우총에서 발견된 그릇의 사진을 보여주면서 "호우명 그릇에 새겨진 글자를 통해 알 수 있는 것들이 무엇이 있을까요?"라고 질문하여 학생들의 답변을 끌어낸다.
전 개	- 학생들의 답을 토대로 광개토대왕이나 장수왕 때 고구려가 신라에 강한 영향력을 행사했다는 것을 설명한다.
정리 및 평가	- 학습내용을 간략히 정리한다. - ㉤ 형성평가를 실시한다.

① ㉠ - 자료 분류상 2차 자료와 체험 자료에 속하는 교재다.
② ㉡ - 고구려 영토가 아산만에서 영일만까지 이르렀다는 것을 알 수 있는 기록이 들어있다.
③ ㉢ - 문제를 해결하기 위해 여러 각도에서 사고하도록 유도하는 유형의 질문이다.
④ ㉣ - 장수왕이 신라의 영토를 점령하였다는 내용의 글자가 새겨져 있다.
⑤ ㉤ - 고구려의 대외 발전과 신라와의 관계에 대한 학생들의 이해 정도를 확인하고 피드백하려는 평가이다.

2013년 1차 9번 문제

9. 중학교 역사 시험에서 (가)의 평가 문항에 대한 문항 분석 결과가 (나)처럼 나타났다고 할 때, 이와 관련된 설명으로 옳은 것을 〈보기〉에서 고른 것은?

(가)

㉠ 시기와 관련하여 역사 신문을 제작하고자 할 때 기사 제목으로 적절하지 않은 것은?

우리나라 역사	동아시아 역사
임진왜란 일어남. 1592	
	1603 일본, 에도 막부 성립함.
광해군 즉위함. 1608	
	1616 누르하치, 후금 건국함.
인조반정 일어남. 1623	
병자호란 일어남. 1636	1636 후금 국호를 청으로 변경함.
㉠	
숙종 즉위함. 1674	

① 특파원 보고 - 남한산성을 가다
② 공 익 광 고 - 북벌 운동에 적극 동참하자
③ 동 행 취 재 - 이종무 장군과 함께 간 전쟁터
④ 긴급 좌담회 - 삼전도의 굴욕, 어떻게 볼 것인가
⑤ 특집 인터뷰 - 혼란한 정국을 수습하려고 노력한 최명길

(나)

정답률 (%)	변별도	답지 반응 분포(%)					
		①	②	③	④	⑤	무응답
65.7	0.04	5.8	6.7	65.7	7.4	14.1	0.3

〈보기〉

ㄱ. 신문 형식의 만들기 학습 상황을 소재로 문항을 구성하였다.
ㄴ. ④번과 ⑤번은 '오답지 매력도' 보다 더 높은 반응을 보인 답지이다.
ㄷ. 역사적 사실 간의 종적, 횡적 관련성을 파악하는 데 유용한 자료를 활용하였다.
ㄹ. 위의 역사 시험에서 점수가 높은 학생과 낮은 학생의 정답률 차이가 크게 나타났다.

① ㄱ, ㄴ ② ㄱ, ㄷ ③ ㄴ, ㄷ
④ ㄴ, ㄹ ⑤ ㄷ, ㄹ

2013년 2차 2교시 4번 문제

4. 중세 도시와 관련된 (가)~다 사료를 읽고 다음 물음에 답하시오. [30점]

(다) ○ - 모든 회원들은 조합의 규정을 따른다.
- 규정을 위반하는 자는 재산몰수를 포함하여 엄벌에 처한다.
- 회원들은 조합 재산에서 커튼 직조공에게 지원금을 제공한다.

- 『쾰른 침대보 직조공 조합 창립 공증문서』 (1149) -

○ 브라운슈바이크 시의 시민들은 금 세공업자들의 영업을 위하여 감독청을 설치한다. 그들의 항구적인 재산 보호를 위해 어느 누구도 그들의 허락 없이 영업활동을 할 수 없도록 한다. 사전에 영업권을 확보한 자는 그들에게 일정액을 지불해야 영업을 개시할 수 있다.

- 『브라운슈바이크 시참사회 법령』 (1231) -

○ - 2.5파운드 소고기와 3파운드 양고기의 판매가격을 각각 1페니히로 정한다. 다른 가격으로 판매하면 시 정부에 6실링, 재판관에게 60페니히의 벌금을 내야한다.
- 공인된 시장 밖에서는 거래를 금한다. 도시로 반입된 물품의 거래도 이에 해당한다. 또한 도시 내에서 소매상인들의 직접 판매 혹은 대리 판매를 금한다.

- 『란스후트 시 시장조례와 영업조례』 (1256) -

4-2. H 교사는 고등학교 세계사 수업에서 (다) 사료를 선정하여 아래와 같이 수업을 구상하였다. 학습목표 ⓐ를 달성하기 위한 교사의 사전 활동을 사료 학습의 문제점을 보완하는 측면에서 2가지만 기술하시오. 그리고 ⓒ에서 교사가 설명할 내용을 ⓑ의 학습주제와 관련지어 구성하시오. [10점]

학습목표	중세 도시의 경제활동을 설명할 수 있다. ⓐ 다양한 사료를 읽고 분석할 수 있다.
활 동	• ⓑ 학습 주제 : 길드의 경제 활동 • 모둠 활동 : 사료의 분석 및 해석 • 모둠별 발표 : 모둠별 결론 공유
정 리	모둠별 결과 정리 및 ⓒ 학습 내용 확인

2014년 전공 A 서술형 1번 문제

1. (가)를 바탕으로 (나)의 ㉠에 들어갈 제작 학습 활동을 쓰고, (다)의 밑줄 친 ㉡에서 '평가자 내 신뢰도'를 높일 수 있는 방안을 1가지 쓰시오. [3점]

(가) 김교사의 역사교육관

○ 학습자가 사람들의 일상생활이 역사의 큰 흐름 속에 있음을 파악하고 스스로가 역사의 주체임을 인식할 수 있도록 한다.

(나) 김 교사의 단원 학습지도 계획

차시	학습 주제		학습 활동
1차시	• 8 · 15 광복과 대한민국 정부의 수립		• 교사의 설명과 학생의 토론
2차시	• 6 · 25 전쟁과 그 영향		• 교사의 설명과 학생의 토론 [과제] 조부모님의 6 · 25 전쟁 경험담 조사
…(중략)…			
5차시	• 민주주의의 발전		• 교사의 설명과 학생의 토론 [과제] 부모님이 기억하는 민주화 운동에 대한 인터뷰
…(중략)…			
10차시	단원 마무리	• 내가 생각하는 현대사	• 현대사 10대 사건을 선정하고 발표하기
11차시		• 현대사의 흐름과 우리 가족의 삶	• (㉠)

2014년 전공 B 논술형 1번 문제

4. (가)를 근거로 (나)의 ㉡과 ㉢에 들어갈 학습 활동을 구체적으로 쓰고, '역사 지식'의 성격과 관련지어 밑줄 친 ㉠과 ㉣의 차이점을 쓰시오. 현장학습 활동 계획에 나타난 최 교사의 학습자관(學習者觀)을 쓰고, 경복궁과 같은 '역사 현장'을 학습자료로 활용할 때 기대할 수 있는 장점을 2가지만 쓰시오. [10점]

〈최 교사의 중학교 현장학습 활동 계획〉

나도 역사가 : 경복궁 탐구

(가) 학습 목표

1) 경복궁을 답사하면서 학교에서 배운 지식을 확인하고, 더 알고 싶은 탐구 주제를 찾을 수 있다.
2) 경복궁에 대하여 알고 있던 지식과 주어진 정보를 새롭게 해석하고, 다른 자료를 탐색하여 탐구 주제를 해결 할 수 있다.
3) 경복궁에 대하여 새롭게 알게 된 점을 다양한 방식으로 표현하고, 다른 사람의 생각과 비교할 수 있다.

(나) 교수 · 학습 활동 개요

단 계	학습 활동
현장학습 활동	○ 경복궁 ㉠ 안내 자료를 가지고 모둠별로 답사한다. - 교과서 사진 자료와 실제 모습을 비교한다. - '경복궁 건물 배치도'를 보고 경복궁의 건물 위치를 확인한다. - 주요 건물의 형태와 기능, 특징 등을 안내 자료에서 찾아본다. ○ 경복궁 안내 자료를 여러 각도에서 살펴본다. ○ (㉡)
사후 활동	○ 경복궁에 대한 추가 자료를 수집하고, 안내 자료에 들어갈 정보를 선별한다. ○ (㉢) ○ 모둠별로 새로운 안내 자료를 제작한다. ○ 완성된 ㉣ 안내 자료를 발표하고, 다른 모둠의 안내 자료와 비교해 본다.

2016년 전공 B 1번 문제

1. (가)는 수업 협의회에서 김교사와 최교사가 나눈 대화이고, (나)는 김교사가 이 수업에서 설명해야 할 내용이다. 밑줄 친 ㉠을 '학생의 이해'라는 측면에서 2가지 쓰고, 밑줄 친 ㉡을 (나)에서 유추하여 2가지 쓰시오. [4점]

(가) 김 교사와 최 교사의 대화

김 교사 : 저는 병자호란을 주제로 수업을 하기 위해 과거에 만들어진 문학 작품을 선정하고, 그 일부를 학습 자료로 배부하여 설명하는 수업을 실시할 예정입니다. 그래서 박씨 부인이란 허구의 인물이 병자호란에서 나라를 위해 활약한다는 내용이 담긴 『박씨전』을 선정하였습니다. 왜냐하면 ㉠ 교사가 학습자의 수준에 맞게 제시할 때 『박씨』전과 같은 과거의 문학 작품들이 지닌 장점이 있기 때문입니다. 다음은 학생들에게 배부하기 전에 수업용으로 읽기 쉽게 편집한 [학습 자료]입니다.

최 교사 : ㉡ 교사가 문학 작품을 역사 수업에 활용할 때 고려해야 할 지도상의 유의점이 있습니다. 이러한 지도상의 유의점을 염두에 두어 학생들에게 아래의 (나)를 설명해 주는 것이 바람직합니다.

(나) 김 교사가 수업에서 설명해야 할 내용

○ 조선은 인조반정 이후 오랑캐를 배척하고 명나라에 대한 의리를 지킨다는 '존명배청'을 확고한 정치이념으로 삼았기 때문에, 병자호란의 패배는 조선에 더 치욕적인 상처를 안겨주었습니다. 이런 배경 속에서 탄생한 작품이 바로 『박씨전』입니다.
○ 김자점이 다른 신하들 앞에서 곧 병란이 있을 것이라는 박씨 부인의 의견을 묵살하는 [학습 자료] 속 장면은 실제로 있었던 일이 아닙니다.

[학습 자료] 『박씨전』 중 일부
김자점이 또 아뢰되, "지금 나라가 태평하고 백성들이 편안히 살고 있는데, 이런 태평성대에 무슨 병란이 있으리까? 임금께서 어찌 박씨의 요망한 말에 혹하여 국가대사를 아이들 장난같이 하십니까?" 하니, 신하들이 김자점의 말이 옳지 않은 줄 알지만, 아무 말도 못하더라. …(중략)… 부인이 아연 탄식하여 가로되, "슬프다. 오랑캐가 도성을 범하려 하는데, 간신이 임금의 총명을 가리워 위태롭게 하니 이 어찌 원통하지 않으리오."

2003년 4번 문제

4. 다음은 고등학교 2학년 세계사 수업지도안이다. 물음에 답하시오. [총 4점]

단계	교수·학습 방법	교수 · 학습 활동 (교사)	교수 · 학습 활동 (학생)	비고
도입		• 전시 학습 확인 : 중국·한국·일본의 근대화와 민족운동 • 학습목표 제시 : ________㉮________	• 학습목표 인지	인도 지도 제시
전개	강의식	〈주요 강의 내용〉 • 17세기 초 동인도 회사 설립 • 플라시전투 : 영국이 프랑스 세력 격퇴, 벵골지방의 통치권 장악 • 19세기 중엽 : 인도는 영국의 식량·원료 공급지 및 상품 시장으로 전락(인도 면공업의 몰락), 종교적 대립 조장	• 강의 내용 이해	파워포인트 활용
	토의식	• 문제 제기 - ㉯ 세포이 항쟁의 과정과 의의는 무엇인가? - 인도국민회의 결성의 배경과 의의는 무엇인가?	• 소집단으로 나뉘어 2개의 토의주제 중 1개를 선택하여 토의하고 그 결과를 발표한다.	
	강의식	• 인도 민족운동의 특성을 설명한다. • 중국과 한국의 민족운동의 특징을 설명한다.		
정리		• 형성평가, 차시예고	㉰	

4-3. ㉰의 과정을 비교학습으로 전개할 때 적절한 학생 활동을 쓰시오. [1점]

2004년 4번 문제

4. 다음은 중학교 3학년 학생을 대상으로 이루어진 사료 학습의 결과를 간략하게 제시한 것이다. 자료를 보고 물음에 답하시오. [총 5점]

수업의 개요 학생들에게 사료 학습을 통해 김춘추와 김유신, 알천공 등의 동향을 상반되게 보여주는 사료를 읽게하고, 김춘추의 왕위계승 과정을 분석하여 보고서로 작성, 제출하게 하였다. 자료 1. 『삼국유사』 기이 진덕왕조 자료 2. 『삼국사기』 신라본기 무열왕조 자료 3. 『삼국사기』 김유신 열전
학생의 보고서(일부) 학생 A : 알천공이 호랑이를 잡은 것을 보니 힘이 엄청난 장사였겠다. 그런데도 왕위를 김춘추에게 물려준 것을 보니 바보같은 사람이다. 김춘추가 왕이 된 것은 재수가 좋아서이다. 학생 B : 알천공이 김춘추를 추켜세우고, 김춘추가 왕위를 사양하다 즉위하는 장면은 꾸며진 것 같다. 아마도 삼국사기 사료는 김춘추의 위대함을 돋보이게 하기 위해 후대 사람이 작성한 것이 아닐까? 학생 C : 알천공은 순수하고 욕심이 없는 사람이다. 김춘추도 왕위를 사양하는 것을 보니 아주 겸손한 인물이었던 것 같다. 알천공, 김춘추 모두 존경할만한 사람이다.

4-2. 학생 C의 경우를 참고하여 인물 학습 지도 시 유의점을 간략하게 쓰시오.

2005년 4번 문제

4. 다음의 수업 사례에서 제시된 교사의 질문 유형의 특징과 그 문제점을 쓰시오. [3점]

교사 : 신해혁명으로 수립된 나라 이름은 뭐죠?	학생들 : 중화민국이요.
교사 : 중화민국 건국의 지도자는 누구지요?	학생들 : 쑨원이요.
교사 : 그러면 쑨원은 무엇을 제창했나요?	학생들 : 삼민주의요.
교사 : 삼민주의의 내용은 무엇이죠?	학생들 : 민족, 민권, 민생이요.
교사 : 네, 참 잘했어요.	

• 특 징 :

• 문제점 :

2009년 1차 11번 문제

11. 다음 학습지도안에 제시된 교수 · 학습활동에 대한 진술로 옳지 않은 것은?

ㅇ 수업주제 : 수렵도를 통해 본 고구려인의 삶			
ㅇ 학습목표 : ·고구려인의 생활 모습을 이해한다. ·유물 자료 활용 능력을 기른다.			
단계	학습내용	교수 · 학습활동	
		교사	학생
도입 (5분)	ㅇ 전시학습 확인 ㅇ 학습목표 제시	ㅇ 전 시간 학습내용 확인 ㅇ 본시학습 방향 안내	S. 질문에 대답한다.
전개 (35분)	ㅇ 수렵도 제시 ㅇ 수렵도 설명	ㅇ 무용총 수렵도 제시  T. 그림을 보고 다음 질문에 답을 적어 내기 바랍니다. 1. 등장인물의 모자 모양은? 2. 말 옆에서 뛰는 짐승은? 3. 활의 크기는? 4. 등장인물의 옷차림은? ㅇ 학생들이 적는 답을 보고 보충 설명 T. 모자, 개, 활, 옷차림 등의 의미를 설명한다. T. 나누어준 학습지의 오른쪽에 배운 것을 적어보세요.	S. 학습지에 답을 적는다. S. 학습지에 배운 것을 적는다.
정리 (5분)		ㅇ 학습내용 정리 ㅇ 차시학습 예고	

① 수렵도에 관하여 인지 · 기억 질문을 제시하였다.

② 역사적 상상력을 함양하는 수업 활동이 부족하다.

③ 지식 · 이해와 기능에 관한 학습목표를 제시하였다.

④ 사료 활용 방안 중에서 단원 접근방법을 활용하였다.

⑤ 의사소통 능력을 함양하기 위한 전략이 들어가 있다.

2010년 1차 12번 문제

12. 다음은 김 교사의 수업 장면이다. ㉮~㉱에 대한 설명으로 옳은 것을 〈보기〉에서 모두 고른 것은?

> 백제 성왕은 신라와 힘을 합하여 고구려에 빼앗겼던 한강 유역을 되찾았어요. 하지만 곧 신라의 공격을 받아 한강 유역을 빼앗겼지요. ㉮ 진흥왕에게 한강 유역을 빼앗긴 성왕은 어떤 생각을 했을까요? 고구려가 수나라, 당나라와 전쟁을 하고 있는 동안 백제는 신라를 자주 공격했어요. 신라는 고구려에 도움을 요청했지만 거절당했고, 당에 구원을 요청했어요. ㉯ 신라의 대당 외교는 당시에 적절한 정책이었을까요? 신라를 당나라와 함께 백제와 고구려를 멸망시켰어요. 그런데 당나라는 한반도를 직접 지배하려고 했어요. 신라는 당나라 군대를 몰아 내기 위해 전쟁에 나섰지요. ㉰ 신라는 어떤 전투에서 나 · 당 전쟁의 주도권을 장악하였나요? 마침내 신라는 대동강 이남 지역을 통일했어요. 신라는 통일 이후 민족 융합 정책을 사용했어요. ㉱ 민족 융합 정책의 역사적 의의는 무엇일까요?

〈보기〉

ㄱ. ㉮ - 학생에게 역사적 감정 이입을 요구하는 수렴적 질문이다.
ㄴ. ㉯ - 역사적 사실을 근거로 가치 판단을 요구하는 평가적 질문이다.
ㄷ. ㉰ - 역사적 사건 사이의 관계를 파악하도록 하는 인지억 질문이다.
ㄹ. ㉱ - 다양한 사고를 통해 문제를 해결하도록 하는 확산적 질문이다.

① ㄱ, ㄴ　② ㄱ, ㄷ　③ ㄴ, ㄹ　④ ㄱ, ㄴ, ㄹ　⑤ ㄴ, ㄷ, ㄹ

2010년 2차 2교시 4번 문제

4. 서양 봉건제에 대한 다음 글을 읽고 물음에 답하시오. [30점]

(가) 자기의 주군에게 충성을 맹세하는 사람은 無害, 안전, 명예, 유용, 容易, 실행의 여섯 가지 사항을 명심해야 합니다. …… 충실한 봉신이 이러한 危害를 범하지 말아야 한다는 것은 당연하지만, 이것만으로 그의 보유가 정당화되는 것은 아닙니다. 왜냐하면 악을 행하지 않은 것만으로는 충분하지 않으며 선을 행해야 하기 때문입니다. 따라서 봉신은 자기가 은대지를 받은 자격이 있다고 여겨지기를 원하고 또 자기가 맹세한 충성과 관련해서 안전을 보장받기 원한다면, 위에 언급한 여섯 가시 사항에서 ㉠ 주군을 충실하게 돕고 자문해야 합니다. ㉡ 주군 또한 이 모든 사항들에 있어서 자기의 충성스러운 봉신에게 호혜적으로 행동해야 합니다. 만일 봉신이 그것들을 행하지 않거나 동의하지 않음이 밝혀지면 불충과 배신으로 간주되는 것처럼, 주군도 그렇게 하지 않으면 당연히 不信의 죄를 범하는 것으로 간주될 것입니다.

(『1020년에 샤르트르의 주교인 퓔베르가 아키텐의 공작인 기욤에게 보낸 편지』)

(나) 주군과 봉신 쌍방에게 요구되는 부담이 아무리 불균등했다 할지라도, 그 의무 부담은 불가분의 전체를 이루고 있었다. 즉 봉신의 복종은 주군이 자기의 약속을 빈틈없이 지킨다는 조건하에서 이루어지고 있었던 것이다. 비록 불평등하기는 했지만 이같은 의무의 상호성은 11세기에 샤르트르의 주교 퓔베르가 분명하게 제시한 후 끝까지 매우 강하게 의식되었으며, ㉢ 유럽 봉신제의 뚜렷한 특징이었다.

(마르크 블로크, 『봉건사회』, 1940)

4-2. 김 교사가 고등학교에서 '서양 봉건제의 성격'을 수업 내용으로 선정할 경우. '역사교육 내용 선정 원리'의 세 가지 측면에서 내용 선정의 타당성을 평가하시오. 그리고 비교사적 설명을 위해 김 교사가 선택한 '비교 학습'의 특징과 지도상의 유의점을 기술하시오. [10점]

2011년 1차 7번 문제

7. 다음 교수 · 학습 활동에 따른 수업 유형에 대한 설명으로 적절한 것만을 〈보기〉에서 모두 고른 것은?

- 학습 단원 : 근세 사회의 성립
- 학습 목표
  - 조선 건국에 참여한 인물들과 반대한 인물들의 주장을 이해한다.
  - 조선 건국 시기 주요 인물들의 주장에 대한 학생들의 입장을 모둠별로 발표한다.
  - 학생들은 다른 사람의 의견이나 가치를 존중하는 태도를 갖는다.
- 학습활동
  - 교사는 학생들을 조선 건국을 지지하는 모둠과 반대하는 모둠으로 나눈다.
  - 학생들은 주요 인물들의 주장이 담긴 자료들을 읽는다.
  - 학생들은 주요 인물들의 주장에 대한 근거를 찾아 이야기한 후 모둠의 의견을 조율한다.
  - 대표 학생은 자신이 속한 모둠의 입장을 발표하고, 학생들은 다른 모둠의 입장과 비교해 본다.
- 유의점
  - 학생 자신의 생각을 객관화하고 다른 학생의 생각을 이해하도록 유도한다.

〈보기〉

ㄱ. 학생들이 역사 개념과 용어를 배울 때 효과적인 수업 유형이다.
ㄴ. 교사는 학생들에게 정해진 결론이 없다는 것을 알려줄 필요가 있다.
ㄷ. 학생들의 역사적 사고력과 판단력을 함양하는데 유용한 수업 유형이다.
ㄹ. '교사의 질문 → 학생의 대답 → 교사의 평가' 과정이 수업활동의 핵심을 이룬다.

① ㄱ, ㄷ, ② ㄱ, ㄹ ③ ㄴ, ㄷ ④ ㄱ, ㄴ, ㄹ ⑤ ㄴ, ㄷ, ㄹ

2011년 2차 2교시 4번 문제

4. 다음 글을 읽고 물음에 답하시오. [30점]

(가) 그가 무리들에게 말했다. "그대들은 비를 만나 이미 기한을 지킬 수 없게 되었다. 기한을 어기면 斬刑에 처해진다. 요행 斬刑을 피한다 해도 변경의 수자리에 동원되면 죽는 자가 十 가운데 六, 七에 이른다. 壯士는 죽지 않는다면 모르거니와 죽는다면 명분에 따라야 할 것이다. 王侯將相에 어찌 씨가 있을쏘냐!" 무리들이 모두 말했다. "명령을 받들어 따르겠습니다." 이에 백성들의 願望을 따라 公子 扶蘇와 項燕을 詐稱하고 반란을 일으켜 '大楚'라 稱하였다.

(나) 天寶 14載 11월 范陽에서 반란을 일으키고, 거짓으로 '密詔를 받들어 楊國忠을 토벌한다.'고 말하였다. 군대는 모두 15만이었는데 불려서 20만이라 선전하였으며 매일 60리를 진군해 갔다. …… 당시 갑작스레 반란이 일어나는 바람에, 州縣에 보관되어 있던 갑옷과 병기는 老朽되고 무뎌져 쓸 수 없는 상태였다. 官兵은 몽둥이를 들고 싸웠으나 도저히 맞설 수 없었다. 관리들은 城을 버리고 달아나거나 혹은 자살하였고, 그렇지 않으면 반란군에 사로잡혔다.

(다) 조선왕 滿은 옛 燕나라 사람이다. …… 손자 右渠에 이르러 유인해 낸 漢나라 망명자 수가 대단히 많게 되었으며, 천자에게 入見치 않을 뿐만 아니라 眞番 주변의 여러 나라 사람들이 글을 올려 천자에게 알현하고자 하는 것 또한 가로막고 통하지 못하게 하였다. …… 元封 2년 가을 樓船將軍 楊僕을 파견하여 齊로부터 배를 타고 발해를 건너가게 하고, 좌장군 순채는 군사 5만으로 요동에서 출격하여 우거를 토벌하게 하였다. 우거는 군사를 일으켜 험준한 곳에서 대항하였다. …… 원봉 3년 조선을 평정하고 4군을 설치하였다.

태사공은 말한다. "우거는 험고함을 믿다가 나라의 사직을 잃었다. …… 양복은 장수의 그릇이 좁아서 난을 당하고 죄에 걸렸으며, 순채는 공로를 다투다가 주살되었다. 결국 兩軍이 함께 욕을 당하고, 장수로서 列侯된 사람이 없었다."

- 사마천, 『사기』

4-2. 김 교사는 고등학교 국사 수업에서 수업 목표를 '위만 조선의 멸망에 대한 사마천의 관점을 평가할 수 있다.'로 설정하고 사료 (다)를 이용하여 조별토의식 수업을 설계하였다. 사료에 대한 문맥(context) 비판을 수행하기 위한 교사의 발문을 2가지 제시하고, 조별 토의에서 주로 논의될 내용들을 쓰시오. 그리고 교사가 유의해야 할 점을 토의 주제에 초점을 두어 3가지 기술하시오. [10점]

2016년 전공 A 9번 문제

9. (가)는 김 교사의 세계사 수업 장면이고, (나)는 이 수업에 대한 박 교사의 참관 보고서이다. 밑줄 친 ㉠을 2가지 쓰고, 밑줄 친 ㉡이 무엇인지 쓰시오. [4점]

(가) 수업 장면

김 교사 : 오늘 수업에서는 선생님이 메소포타미아 문명과 황허 문명을 비교하면서 설명하겠습니다.

학생들 : 네, 알겠습니다.

…(중략)…

김 교사 : 오늘 배운 내용을 정리하면서 아래 학습지의 표를 완성하고 〈질문〉에 답하세요.

학 습 지

	메소포타미아 문명	황허 문명
공통점		
차이점		

〈질문〉 메소포타미아 문명과 황허 문명 중에 어느 쪽이 더 발전한 문명이었을까요?

(나) 박 교사의 수업 참관 보고서

○ 오늘 김 교사는 두 대상을 선정하여 비교하는 수업을 실시하였다. 앞으로 세계사 수업에서 이탈리아와 북유럽의 르네상스, 서유럽과 동유럽의 봉건제 등에 대해 이러한 유형의 수업을 해볼 수 있을 것이다. 왜냐하면 내용 구성을 기준으로 분류한 수업 유형 중 이러한 수업의 유형에는 ㉠ <u>장점</u>이 있기 때문이다.

○ 한편, 오늘 김 교사가 학생들에게 배부한 학습지의 〈질문〉에는 이러한 수업 유형에는 적절하지 않은 ㉡ <u>문제점</u>이 있다.

…(하략)…

2005년 2번 문제

2. 다음은 사료 학습의 사례를 제시한 것이다. A는 학생들에게 배부한 사료이고 B는 이 사료를 보고 학생들이 발표한 내용이다. 학생들의 발표내용을 보고, 교사가 각각의 학생에게 사료의 성격과 관련하여 지도할 사항을 각각 쓰시오. (단, 역사적 사실에 대한 설명은 제외할 것). [4점]

> A. 사료 : • 강화도 조약문
> • 『삼국유사』 권3, 원종흥법염촉멸신
> • 『고려사』 권127, 열전40, 묘청
>
> B. 학생의 발표
>
> ㉮ 학생 : 강화도 조약 제1조의 내용으로 보아 당시 일본은 대등한 국가로 존중하는 마음을 갖고 있었다고 할 수 있겠습니다.
> ㉯ 학생 : 이차돈이 죽을 때 흰 피가 한 길이나 솟았다고 하니 정말 믿을 수 없는 책이 삼국유사라고 생각합니다.
> ㉰ 학생 : 묘청에 대한 해석의 경우, 고려사의 해석과 신채소 선생의 해석이 다르네요.

• ㉮ 학생 :
• ㉯ 학생 :
• ㉰ 학생 :

정답표(객관식)

연도 및 문제	정답
2010년 1차 9번	①
2011년 1차 4번	④
2011년 1차 5번	⑤
2012년 1차 1번	④
2012년 1차 2번	④
2013년 1차 4번	⑤
2013년 1차 8번	⑤
2013년 1차 9번	②
2009년 1차 11번	⑤
2010년 1차 12번	③
2011년 1차 7번	③

III 역사교육론에서 다루는 주제들

역사교육론에서는 어떠한 주제들을 다루게 될까.

크게 주제를 나누어 보면 역사교육의 목적, 내용, 교재, 방법, 평가 순이다.

〈그림 2〉 역사교육의 주요 주제 1

이처럼 목적, 내용, 교재, 방법, 평가가 일관되게 제시되어야 바람직한 수업이 되기 때문이다. 이 외에도 역사교육론에서 다루는 부분은 일본, 미국, 중국, 유럽 여러 선진국가와 같은 세계의 역사교육, 역사 교육과정, 역사적 사고와 이해 등이 해당된다. 역사적 사고와 이해는 주로 '학생들'의 사고 문제를 다룬다. 즉 역사 수업에서 어떠한 내용, 어떠한 방식으로 가르칠 때 학생들의 역사적 사고를 증진시킬 수 있는가를 중심으로 한다.

〈그림 3〉 역사교육의 주요 주제 2

아래의 표는 역사교육 개론서에 나오는 역사교육론의 주요한 개념들을 표한 것이다. 역사교육 개론서에서는 자주 중복되어 강조되는 개념이므로 숙지해야 할 필요가 있다.

〈표 8〉 주요 역사교육 개론서의 중복 구성 및 중요도

개념	역사교육의 이해 (파란책)	역사교육의 이론 (남색책)	역사교육의 내용과 방법(초록색책)
사회과와 역사교과	제1장	제1장	
역사교육의 목적	제1장	제1장	제1장
교수내용지식(슐만)	제1장	제1장	
사료비판	제2장		제3장
관념론과 실증론	제2장	제1장	
서양 역사교육사	제2장	제2장	
역사적 설명	제2장	제4장	
역사적 이해(감정이입)	제2장	제3장	
역사교육의 목표분류	제3장		제1장
사실, 개념, 일반화	제4장		제2장
내용선정(중요성)	제4장		제1장
내용조직 원칙	제4장		제1장
내용조직의 방법	제4장		제1장
교과서	제5장		제2장
시각자료(연표, 지도등)	제5장		제2장
역사수업의 방법	제6장		제4장 (글쓰기 수업, 만들기 수업, 역사신문 만들기 보강)
평가	제7장		제5장
삐아제 인지발달론(피아제-피일-할람)	제8장	제5장	
내러티브와 구성주의	제8장	제1장	
한국역사교육의 변천(삼국-제7차)	제9장	제2장	
각국의 역사교육(미국, 영국, 일본)	제10장 (시대가 뒤떨어짐)		
집단기억과 역사의식		제1장	
역사의식과 역사적 사고의 차이		제1장	
구조적 상상, 보간 또는 삽입		제3장	
인증적 사고		제5장	
드레이크의 역사적 사고 과정 (출처확인, 확증, 맥락화, 비교적 사고)		제5장	
역사적 사고력의 구성요소 (연대기 파악력, 역사적 탐구력등)		제5장	

1) 역사교육의 목적

왜 역사를 배우고 가르쳐야 하는가에 대한 답으로서 학자마다, 국가마다 다양한 목적을 가지고 있다. 역사는 교훈을 가지고 있기 때문에 배워야 한다든가 교양을 가르치기 때문에 배워야 한다든가 하는 역사교육의 목적은 장점도 가지고 있지만 위험성도 있다. 최근 역사교육의 목적을 '역사적 사고력 증진'으로 삼고 있는 경우가 많이 있다. 역사교육의 목표는 목적보다 작은 범위지만, 이 역시 학교목표로부터 교과목표, 수업목표에 이르기까지 세분화된다. 최근 교사들로부터 '목표설정이 과연 필요한가'라는 질문이 제기되면서 목표무용론이 일어나기도 하지만 목표 설정은 수업의 지향성을 보여주기 때문에 여전히 중요한 과정으로 다루어지고 있다. 수업 목표는 지식 · 이해, 기능, 가치 · 태도라는 세가지 면으로 세워질 수 있다. 이러한 목표는 마지막 단계인 평가의 단계에서 성취여부를 묻게 된다.

2) 역사교육의 내용

역사에서 다루는 내용은 너무나 많다. 한정된 수업 시간에 이들을 모두 다루기 어렵기 때문에 교과서는 정해진 분량으로 출판된다. 여기에서 역사교육의 내용은 '선정'된다고 한다. 어떠한 내용을 선정할 것인가는 중요성 등에 따라 달라지지만, 선정된 내용을 어떻게 '조직'할 것인가의 문제도 생긴다. 교사가 수업에서 내용을 재구성할 때도 마찬가지로 교사가 내용을 '선정'하고 '조직'하는 문제는 중요하다.

3) 역사교육의 교재

교재란 수업의 내용을 일컫기도 하지만, 수업의 내용을 가르치는 구체적인 도구를 가르친다. 과거에는 수업에서 가르치는 중요한 도구로서 교과서를 일컬었지만 최근에는 보다 다양해진 교재를 역사 수업에서 활용하고 있다. 역사교육의 주요한 교재로는 사료, 연표, 지도, 영상 자료 등 실로 다양하다.

4) 역사교육의 방법

내용을 선정하고 조직한 후 교재를 선정하였다면 수업에서 어떠한 방법을 선택할 것인가의 문제가 생긴다. 각 내용에 맞는 적절한 방법을 선택하는 것이 중요하다. 예를 들어 '고려시대의 전시과 제도'를 내용으로 다루면서 '극화학습'을 선택하는 것이 적절한가하는 점이다. 물론 틀린 것이라고 말하기는 어렵지만 전시과 제도는 개념을 중심으로 설명해야 하는 부분이므로 개념을 전달하는 데는 '강의식 수업'이 보다 적절할 것이다.

수업의 방법은 교수학습의 활동에 따라 구분하면 강의식 수업, 탐구수업, 극화수업 등이 있고, 내용에 따라 구분하면 개념학습, 주제학습, 사실학습, 인물학습 등으로 구분된다. 물론 인물학습이 극화수업이 될 수도 있고, 강의식 수업 중에 개념학습을 할 수도 있다. 이러한 구분은 이해를 쉽게 하기 위해 구분한 것으로 절대적인 구분은 아니다.

5) 역사교육의 평가

이렇게 목표를 세우고, 내용을 선정한 후 적절한 교재와 방법을 사용하여 수업을 실시한 후 교사는 처음에 세운 목표가 어느 정도 성취되었는가를 살펴보는 평가의 단계를 거치게 된다. 수업이 끝난 후에 평가를 한다면 형성평가가 되며, 중간평가나 기말평가처럼 어느 시기를 몰아서 평가를 한다면 총괄평가가 되기도 한다. 평가는 결과를 살펴보는 지필평가의 방식을 따를 수도 있고, 과정을 살펴보는 수행평가를 따를 수도 있다. 최근의 평가방식은 과정 중심의 평가이다.

<쉽게 풀어보는 역사교육의 주요 개념 및 특징>

- 탐구: 역사적 사고력, 수업의 방법 등 다양한 역사교육의 주제에서 논의되고 있음.
- 맥락: 사회적 배경 등과 비슷한 뜻으로 사용됨
- 교과: 사회과, 수학과, 국어과 등 여러 과목이 모인 범위
- 과목: 사회과 내 역사, 지리, 사회 등과 같은 작은 단위
- 교과교육학: 역사교육, 지리교육, 수학교육 등과 같이 내용과 방법을 함께 다루는 학문
- 교과내용학: 역사, 지리, 수학 등 내용만을 다루는 학문
- 교육과정: 국가가 정한 교육과정부터 학교 단위의 교육과정까지 다양한 범위의 커리큘럼을 말함.
- 학교급별: 초등학교, 중학교, 고등학교와 같은 학교로 구분됨
- 학년별: 1학년, 2학년, 3학년 등과 같이 학년으로 구분됨
- 내용조직: 선정된 내용을 어떻게 구성하는가의 문제, 시기별로 하였을때는 연대기 또는 역연대기법, 주제별로 하였을 때는 주제중심법 등으로 구분됨.
- 역사적 사고력: 아직 구체적으로 정해진 정의는 없지만 연대기파악력, 역사적 상상력, 역사적 탐구력, 역사적 판단력으로 구분되기도 한다.
- 감정이입: 역사교육에서 감정이입을 말할 때는 정의적 영역과 인지적 영역을 함께 말하는 것임.
- 내러티브: 역사적 사고력, 수업의 방법 등 다양한 역사교육의 주제에서 논의되고 있음.
- 인지: 학생의 사고 수준을 말하는 것으로 흥미, 동기 등도 포함됨.
- 추체험: 인물학습, 극화학습 등에서 중요한 요소임.

Ⅳ 수업에서의 교재

수업에 활용되는 교재의 종류에는 다음과 같다.

〈그림 4〉 역사교육의 주요 교재

1. 사료

〈그림 5〉 사료와 코끼리 비유

위의 코끼리 그림은 너무나도 유명한 그림인데, 눈을 뜨지 않게 한 후 코끼리를 만지게 하였을 때 사람들은 각자 만진 코끼리 부위에 따라 코끼리를 묘사한다.

꼬리부분을 만진 사람은 코끼리가 어떤 형상이냐고 물었을 때 가늘고 길다고 말할 것이고 코 부분을 만진 사람은 축축하게 늘어진 형상이라고 말할 것이다. 이처럼 사료도 역사가에 따라, 그리고 발견되고 선택되어짐에 따라 역사 전체의 다른 상을 말하기에 사료는 불완전하다.

아래의 그림에서 보듯이 우리가 알지 못하는 '역사진실'이 있다고 가정할 때 역사의 불완전성은 3가지 형태로 나타난다.

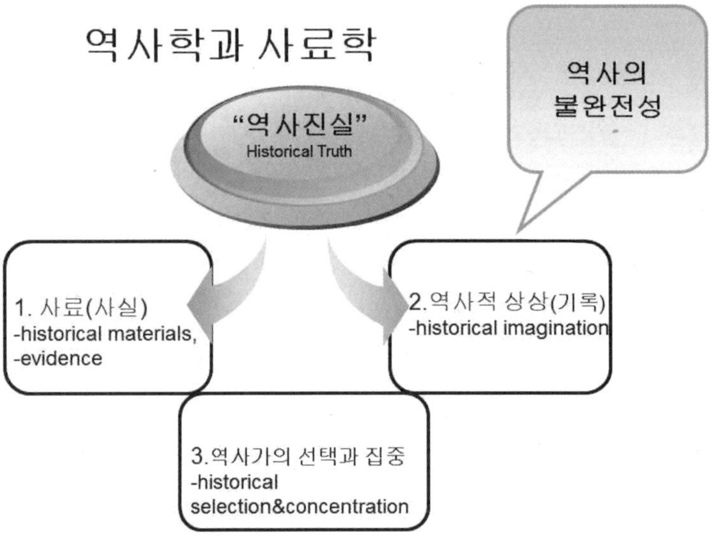

〈그림 6〉 역사의 3가지 불완전성 요소

첫째, 사료 그 자체이다. 남겨진 사료 자체가 많지 않기 때문이다. 둘째, 남겨진 사료 자체에는 당시 역사가가 역사를 쓸 때 만들어진 상상력이 담겨있다. 즉 당대 역사가의 역사관이 녹아져 있다. 마지막으로 현대 역사가들이 이러한 사료를 선택해서 활용할 때 만들어지는 불완전성이 존재한다. 이러한 3가지 요소들이 사료의 불완전성, 더 나아가 역사의 불완전성이 된다.

사료는 역사 연구와 수업의 가장 기본이 되는 교재이다. 사료는 학생들에게 흥미롭기는 하지만, 저학년 학생에게는 어렵다. 이에 사료비교학습 방법을 통해 보다 흥미롭게 가르칠 수 있는 방법을 제안해 본다. 사료비교학습은 똑같은 소재(인물, 사건 등)을 담은 사료가 서로 다른 관점에서 서술되어 있는 것을 비교하는 것이다. 이는 사료학습과 비교학습을 서로 혼합한 형태로 비교학습이 공통점과 차이점을 찾아내는 학습법이라면, 두가지 이상의 사료에서 같은 소재를 서로 다르게 기술하고 있는 점을 찾아내고 그러한 시대적 배경(맥락)을 비교하는 것이 사료비교학습이다.

이에 대해 선조실록과 선조수정실록의 두 사료에 나와있는 소재를 중심으로 사료비교학습을 하면 아래와 같다.

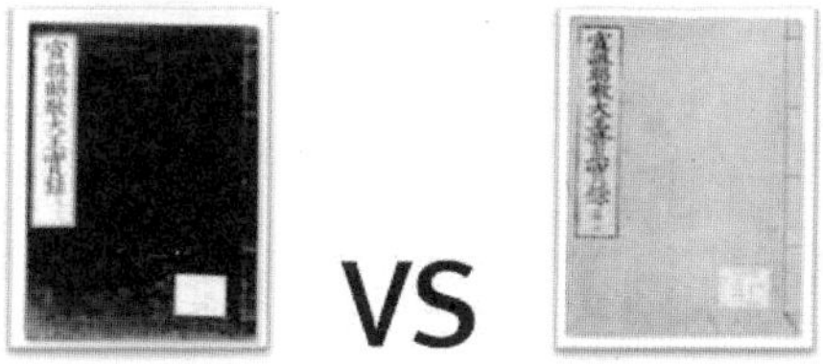

선조실록		선조수정실록
광해군 8년(1616)	편찬시기	효종 8년(1657)
총 221권 116책	권수	총 42권 8책
북인세력	주도세력	서인세력
조식을 높게 평가함	주요내용	이황, 이이를 높게 평가함
이순신을 부정적으로 평가		이순신을 긍정적으로 평가

〈그림 7〉 사료비교학습의 사례

선조실록은 조선 제14대 국왕 선조의 재위 기간(1567년(명종 22) 7월~1608년 1월) 동안의 역사를 기록한 책이다. 임진왜란으로 자료가 소실되었기 때문에 그 이전의 기사는 26권에 불과하고, 이후 16년간의 기사는 195권이다. 임진왜란 이후의 기사는 전란을 치르는 과정에 사건이 많은 데다 자료 보관이 가능해 많은 분량을 차지하고 있다. 그러나 기사가 조잡하고 당파 관계로 공정한 입장을 견지하지 못한 것이 많다. 따라서 역대 실록 가운데 가장 질이 떨어진다는 평을 면치 못한다. 특히 서인 이이(李珥) · 성혼(成渾) · 박순(朴淳) · 정철(鄭澈) 및 남인 유성룡(柳成龍) 등에 대해 없는 사실을 꾸며 비방하는가 하면, 이산해(李山海) · 이이첨 등 북인 일파에 대해서는 지나친 칭찬을 하여 시비 및 선악이 많이 전도되었다. 그러므로 인조 반정 후 서인이 집권하자, 곧 수정하자는 의견이 대두되어 『선조수정실록(宣祖修正實錄)』을 편찬하게 되었다.

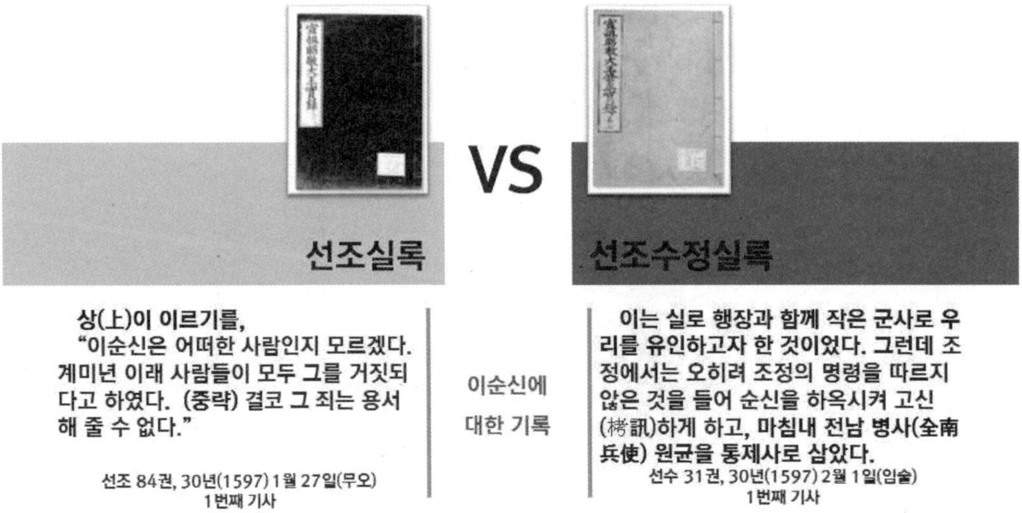

〈그림 8〉 사료비교학습의 실제

위의 그림과 같이 선조실록과 선조수정실록에 나오는 1597년의 1월말과 2월 초 비슷한 시기에 서술된 이순신에 대한 묘사를 비교해 보면 선조실록에서는 상(上), 즉 임금이 "결코 그 죄는 용서해 줄 수 없다."고 하면서 이순신을 "알 수 없는 사람"으로 비방하고 있는 것에 반해 선조수정실록의 기사에는 "조정에서 조정의 명령을 따르지 않은 것을 들어"라고 하여 이순신이 하옥된 연유에 대해 상세히 적고 있다. 이처럼 사료비교학습의 절차를 정리하면 다음과 같다.

먼저 두가지 이상의 비교할 사료를 선정한다. 사료선정을 할 때에는 비교의 대상 또는 소재가 확실한 사료를 선정하도록 한다. 두번째로는 각 사료에 묘사되어 있는 비교의 대상을 추출하여 묘사의 공통점과 차이점을 조사한다. 세 번째로는 서로 다른 묘사가 되어 있는 이유를 알기 위해 사료의 사회적 배경과 맥락을 살펴본다. 이 때 다른 여타의 관련 사료들도 함께 찾아본다.

이러한 과정을 통해 얻을 수 있는 장점은 첫째 학생들로 하여금 사료가 불완전하다는 것을 알 수 있게 하며, 역사가의 관점이 작용한다는 것을 알 수 있게하여 학생들이 역사가의 연구 방법을 간접적으로 경험할 수 있게 한다. 둘째, 각 사료의 사회적 배경과 맥락을 살펴봄으로써 살펴보려고 했던 기존의 비교 대상 사료 이외에도 많은 사료들을 접해 볼 수 있게 된다. 단점으로는 첫째, 배경 지식이 있어야 하는 고학년에게 적합하여 저학년 학생에게는 여전히 어렵게 느껴질 수 있다는 점이다. 둘째, 학생이 스스로 하는 탐구의 형식을 가지지만 교사의 개입이 커질 수 있다는 점이다. 이에 대한 대안으로는 교사가 비교의 대상이 확실한 소재를 선정하여 탐구의 난이도를 조절하는 것이다.

2. 연표

역사연표란 역사적 사실과 사상을 시간의 흐름에 따라 연대순으로 배열하고 체계화하여 역사 사실의 전후 관계와 상호간의 관계를 대비하여 이해할 수 있도록 만든 자료이다. 역사연표는 형태상 접음 연표나 게시 연표, 줄자연표, 원반형 연표 등으로 나뉘고, 내용상으로는 세계사 연표와 특수 연표로 구분된다.

〈표 9〉 연표의 유형별 사례

유형분류	유형 사례	
	접음연표/게시연표	줄자연표/원반형연표
형태상	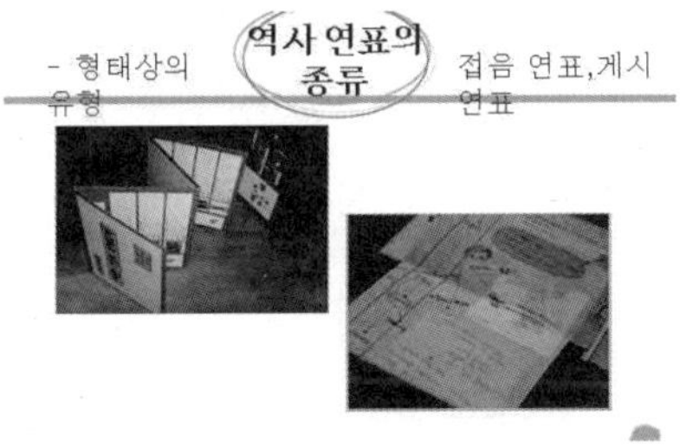	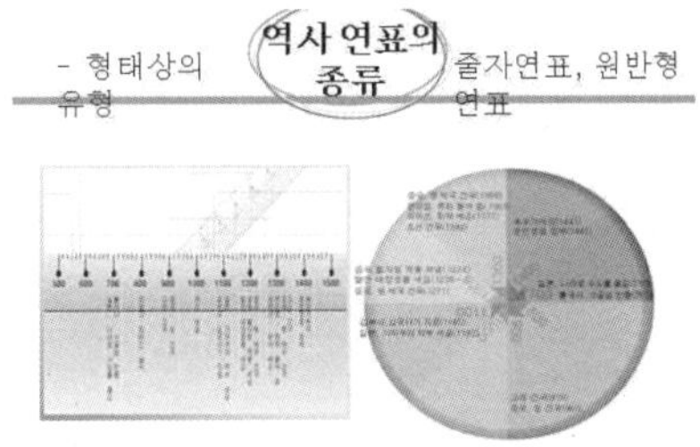
	세계사 연표	특수연표
내용상	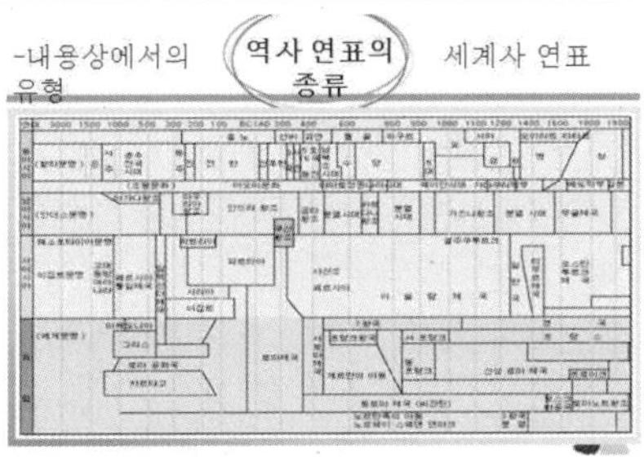	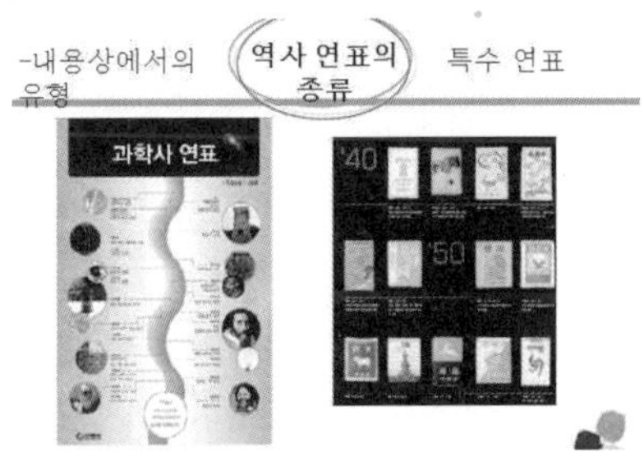

3. 지도

다음 살펴볼 교재로는 지도가 있다. 다음 두가지의 지도를 비교해 보도록 하자.

(가)

(나)

(가) 지도는 우리가 수업에서 실제 많이 사용하는 신대륙 발견과 관련한 지도인데 신대륙 발견까지 많은 항해를 한 지도에 표현함으로 인해 한번에 시대적 흐름을 알 수 있게 하는 반면 한 지도에 너무 많은 것을 담아 가시성이 떨어진다. (나)지도는 백지도인데, 백지도는 수업전, 수업중, 수업후 언제든 사용할 수 있다. 수업전 사용되는 백지도는 사전 내용에 대한 확인용으로, 수업중에 사용되는 백지도는 교사와 함께 백지도에 표시를 하며 진도를 나가면서 흥미를 높일 수 있고 수업후에 사용되는 백지도는 배운 내용을 정리하는 의미가 있다.

4. 사진[1)]

사진은 역사적 사실이 일어났던 당시 상황을 전달하고 기록으로 알 수 없는 역사적 사실을 반영한다. 교사들은 사진자료를 활용 시 사진의 진위 여부를 사전에 검토해야 하며 사진이 만들어진 배경이나 사회상황에 대한 학생들의 이해를 도와야 한다.

그림5 동학농민군의 지도자 전봉준: 관군에게 체포되어 서울로 압송되는 모습이다.

출전: 국사편찬위원회, 『고등학교 국사』, 두산동아, 2002, p.335.

〈그림 9〉 그림이 원전의 설명과 다른 사례

첫째, 원전의 설명과 다르게 설명을 붙인 경우이다.

---

1) 사진의 여러 사례는 김태웅, 「日帝强占期 群山地域 寫眞의 現況과 史料化 問題」, 『역사연구』 제15권, 2005에서 발춰.

위의 그림은 '순창에서 서울로 압송되는 전봉준'이라는 그림 제목의 2002년도에 사용된 국사교과서이다. 이 사진은 1985년 2월 일본인 사진작가 무라카미 텐진이 찍어 그해 5월 일본의 한 출판사에서 만들어진 사진집이 원전으로서 그 원전에는 '심문을 받기 위해 짚둥우리에 실려 법정으로 가는 전봉준'이라는 설명이 되어져 있다. 이러한 설명은 원출처를 전혀 추척하지 않고 장면 자체만 보고 판단한 데 따른 오류이다.

둘째, 사진을 고의로 조작한 경우이다.

〈그림 10〉 그림이 조작된 사례

상단 왼쪽 세 번째가 영친왕의 사진인데 영친왕은 다른 인물의 시선과 달리 시선이 사진기를 향해 있지 않을뿐더러 그 위치도 다른 인물들의 간격과 달리 매우 좁은 사이에 있다. 또한 사진에 보이는 덕혜옹주가 1912년생이고 영친왕이 1897년생 15살 차이인데 당시 사진을 찍은 해가 1915년인 것이므로 영친왕은 당시 18살이었다. 그러나 사진에 보이는 얼굴은 매우 어려 보이는데, 이는 당시 국내에 있지 않았던 영친왕의 사진을 합성한 것이다. 그럼 왜 일제는 이처럼 사진을 조작해야 했을까. 당시 국제 정세에서 유추해 볼 수 있다.

1910년대 일제는 대한제국 강점 이후 미, 일, 러와 중국, 만주 문제를 둘러싸고 불편해 하기 시작하였다. 일제로서는 구미 열강의 한반도 인식에 신경을 곤두세우는 가운데 구미 열강이 일제의 조선통치에 간섭할 여지를 줄이기 위해 조선 황실 가족의 단란한 모습을 보여주고자 하였다.

이처럼 사진 중에는 촬영자나 지시자의 정치적 의도에 맞추어 조작되는 일이 있다.

셋째, 집필자의 의도가 있는 사진 선정의 문제이다.

출전: 宮原武夫, 石山久男 外, 『高校日本史A』 實敎出版株式會社, 2009, p.145.

(가)

출전: Daniela Bender 외, *Geschichte Und Geschehen*(Klette:auflage:1, 2007), p. 133.

(나)

(가)의 경우 일본 교과서에서 원폭을 당한 히로시마의 사진과 고통스러워하는 어린 아이의 사진이 실려 있어 제2차 세계대전의 피해자로 일본이 자칫 읽힐 수 있다. 반면 (나)의 경우 독일 교과서로서 원폭의 상황과 홀로코스트에 피해를 본 유대인들의 사진을 함께 실어 균형감 있는 저자의 의도를 볼 수 있다.

5. 박물관 학습

박물관은 문화나 학술적으로 의미 있는 자료들을 수집하여 전시, 보관하여 현장 경험 학습이 가능한 곳이다. 정규 수업 시간에 진행하기 어려움으로 사이버 박물관을 활용할 수 있다. 교사는 박물관 관람 시에 현장 학습의 효과를 높이기 위해서 박물관의 전시물에 대한 사전 지식이 있어야 한다. 관람 전에 과제를 주어 관람을 하면서 이를 해결하도록 하는 것도 좋은 방안이다.

〈그림 11〉 국립사이버 박물관 홈페이지

V 영화

1. 역사 영화와 수업

최근 역사영화에 대한 대중의 관심은 가히 폭발적이다. 그리고 이러한 역사영화를 역사 수업에 활용하자는 의견이 개진되고 있다. 그러나 아무리 역사영화가 교수학습의 텍스트로 유용성을 지니고 있다고 해도 학생들이 기본적인 영화읽기 능력을 결여하고 있다면 이러한 강조는 공명에 그치고 말 것이다. 역사교과서라는 표준적이고 규범적인 역사 텍스트와 비교하여 볼 때 학생들은 영화에 대해 신뢰성에서 가장 낮은 평가를 내리기도 한다. 또한 학생들은 제작시기가 오래된 영화와 비교하여 최근 만들어진 영화가 보다 더 역사적 진실에 가깝게 묘사한 것으로 오인하기도 하다. 왜냐하면 최근에 만들어진 영화는 수정주의적 역사해석을 반영하고 현대적이고 발전돈 영화제작 기법을 활용하여 텍스트의 시대성을 교묘하게 가릴 수 있기 때문이다. 학생들의 역사영화 이해에 대한 이 같은 연구결과는 역사를 가르치고 배우는 데 있어 역사 영화가 하나의 온전한 텍스트로 기능할 수 있다는 전제를 확인시켜 줌과 동시에 역사영화라는 텍스트가 가지는 특성을 충분히 인식한 위에 텍스트 읽기와 역사 해석이 이루어져야 함을 강조한다 하겠다.

역사영화의 정치적, 이데올로기적 기제로서의 가능성을 감안할 때, 학생들은 '영화가 역사적 진실로 수용되도록 교묘하게 장치된 특정 연출가에 의해 꾸며진 것, 즉 현실 그 자체가 아닌 어디까지나 재구성된 픽션'임을 분명하게 인식할 수 있어야 한다. 이처럼 영화를 보면서 다양한 해석의 가능성을 인식하고 의미 생산을 지향하도록 학생들의 보다 능동적인 영화 감상의 태도, 적극적인 역사 탐구의 자세가 강조되고 있다.

영화 감상자의 능동적이고 적극적인 태도와 함께 역사 영화 읽기에 필요한 요소들을 몇 가지로 나누어 생각해 볼 수 있다. 무엇보다 학생들에게는 영화가 제시한 메시지와 역사상을 그대로 받아들일 것이 아니라, 역사적 진실의 여러 층위들을 탐구해 볼 수 있는 기회가 필요하다. 이러한 탐구활동은 영화의 중층적 시간성을 고려하여 체계적으로 고안될 때 더 나은 효과가 기대된다. 영화는 학생들이 영화 내에서 타인이 살았던 시대와 장소 속에서 타문화를 이해 할 수 있는 '첫번째 시간성'과 영화가 만들어진 시대와 문화를 살피면서 영화가 제작되는 방식과 제약 등을 이해할 수 있는 '두번째 시간성'을 갖는다.

영화를 활용한 수업의 유용한 특성은 다음과 같다.

① 과거의 사건을 대리인인 배우를 통해 재현해 보이는 드라마와 영화는 학습자의 학습동기와 흥미를 자극한다.
② 교과서와 같은 인쇄자료나 단순히 구두전달과는 달리 학생들의 역사적 상상력을 구체화하여 생생하고 실감 있는 학습경험을 제공한다.
③ 과거 여러 인물의 생각과 느낌, 행동을 간접 경험함으로써 역사가 인간의 사고와 행위의 복합적인 산물임을 인식하게 한다.
④ 다양한 매체를 사용하는 영상자료 활용수업을 구두표현능력이 부족하거나 강의식 수업에만 의존하는 교사수업을 보완해 준다.

영화를 수업에 사용할 때의 교수학습전략은 다음과 같다.

① 재미에만 지나치게 빠져서 보고 즐기는 것으로 끝나지 않도록 해야 한다.
② 영화의 역사해석이나 표현이 시대적 배경과 사회적 맥락 속에서 제작진의 주관적인 의도에 의해 창조된 것이라는 사실을 학생들에게 주지시킨다.
③ 영화를 본 후 작품에 내재된 관점을 정리하고 그 안에 표현된 내용이 역사적 사료로 객관적인지 평가하고 토론을 통해 상반된 역사 해석의 가능성을 검토한다.

④ 학생들이 영화자료에 무비판적으로 몰입하지 않도록 하는 한편, 가상으로 재현한 내용과 역사적 사실 간의 차이에 유의하면서 비판적으로 시청하도록 돕는다.

⑤ 교수자는 영화자료를 활용하기 전에 자료특성, 내용성격을 자세히 파악하고 어떤 목적으로 사용할 것인지를 분명히 결정해야 한다.

2. 좋은 역사 영화 선택하기

미국 역사 학회가 만든 좋은 영화에 대한 평가 기준은 교사가 어떤 영화를 역사 영화로 선정해야하는가에 대한 기준이 된다. 오커너 역사 영화상(John E.O's Connor Film Award)은 역사 영화를 연구해 온 실험적 연구자이자 역사가였던 오커너를 기념하기 위해 만들어진 상이다. 이 상에서 제안하는 훌륭한 역사 영화에 대한 기준은 아래와 같다.

1. 발상의 전환: 주제가 흥미롭고 관객 스스로 다양한 역사 해석이 가능하며 영화를 보고 나서도 주제에 대해 고찰해 보고자 하는 연구의 확장이 일어날 것
2. 창조적인 매체의 활용: 역사가 쓰는 문자와 다른 방식의 창조적인 시각이 있을 것
3. 정보와 개념의 효과적 제시: 효율적인 관객 교육을 위해 역사 정보를 조직할 것
4. 역사 연구성과 반영: 학계의 성과를 반영하며 학계가 제기하고 있는 문제를 다룰 것
5. 정확성: 영화의 소품과 같은 사항은 영화의 큰 시대상을 그리는 것보다 중요하지는 않지만 되도록 과거에 대해 정확하게 묘사할 것

오커너 상의 심사 기준의 특징은 '정확성'을 포함하고 있다는 점이다. 그러나 정확성에만 매달리다 보면 역사의 다양한 해석 등을 간과할 수 있다. 세부적인 사항도 중요하지만 관객에게 역사적 실재를 확장시키고 과거에 대한 관심을 증폭시키는 것도 중요하다.

역사를 소재로 한 영화의 경우에는 역사적 사실을 재구성하는 경우도 있고 감독이 자신이 하고 싶은 이야기를 과거를 소재로 삼아 창조하는 경우도 있다. 후자의 경우에는 감독의 역사의식에 대한 논의만 이루어진다면 고증과 사실성 여부는 중요한 것이 아닐 수도 있다. 그러나 이 경우에도 관객들은 대체로 영화에 나타난 역사를 사실의 역사로 믿는 경우가 대부분이기 때문에 이 부분을 명확하게 처리해 주어야 한다.

3. 역사 영화를 역사 수업에 활용할 때 생각할 수 있는 몇 가지 오류

① 역사영화는 사실적 영화내용이 중요하지 영화제작 환경은 중요하지 않다.

역사는 시간을 다루는 학문이다. 역사영화라 칭할 수 있는 극영화들은 영화제작에 있어 일대 전환을 가져왔거나 혁신적인 역사해석을 시도한 영화들을 일컫는다. 한 영화 텍스트에 재현된 과거의 시간이나 영화 제작 환경이라고 구별되는 시간적 지표들에 착목해 볼 때 우리는 역사영화가 감독이 재현하고자 한 과거 시간뿐 아니라 영화가 만들어진 시간에 대해 많은 이야기를 해주고 있음을 알 수 있다. 따라서 역사영화의 가능성은 그 무엇보다 영화 텍스트가 제공하는 중층적 시간성에 있다. 역사영화가 다루는 첫 번째 시간은 과거 사건이나 시대성이 스크린에서 시각적으로 재현되는 과거의 시간이다. 역사영화와 관련된 두 번째 시간은 영화가 전달하는 메시지나 표현 기법 등에서 드러나는 영화 제작 환경에서 나온 것이다.[1)]

역사 교실에서 활용할 수 있는 영화들은 무엇보다 첫 번째 시간성, 영화가 재현한 과거 시간을 중심으로 그 가능성이 고려되었다. 교사들은 영화가 역사적 사건과 과거 인물의 삶을 구체적이고 실제적으로 보여 줄 수 있다는 점에 매료되었다. 교사들은 영화를 통해 학생들에게 역사적 사실에 대한 정보와 지식을 전달하고 현장성을 간접적으로 체험할 수 있게 도와줄 뿐 아니라 역사적 사건과 인물의 시각적 형상화를 통해 교사의 설명이 가질 수 있는 언어적 표현의 한계를 넘어서고자 한다. 또한 학생들의 역사적 상상력과 호기심을 자극하고 당시의 시대상이나 사회상, 생활상을 나름대로 재

---

1) 김민정, 「영화의 역사서술과 역사교육의 가능성」, 역사교육연구회, 『歷史教育』, Vol.94, 2005 참조.

구성해보도록 도와 줄 수 있을 것이라 기대한다. 따라서 영화를 통해 추체험이나 역사적 사고력까지 유도할 수 있다고 본다.

역사영화가 담지하고 있는 또 다른 시간성은 영화제작 당시의 시대 환경과 문화 지평에 대한 지표로서의 시간성이다. 영화의 표현 양식과 해석은 영화 제작 환경에 영향을 끼치는 맥락적 요인들을 반영하고 있다. 예를 들어 전쟁과 같은 국가적 혼란기에 정치색이 들어간 영화에 대해서는 국가적 단위의 자체 검열이 이루어지는 등 영화제작에 상당한 제약이 가해진 사례들을 찾아볼 수 있다. 예를 들어 1930년대 미국에서 제작된 영화는 대공황기라는 당대의 미국 사회를 반영하는 메시지를 담고 있다. 이 시기 영화들은 할리우드 제작사의 영향력이나 재정적 압박, 당대의 진보적 기류와 할리우드적 관행의 긴장 관계들을 반영하고 있다.

이제까지 국내외에서 제작된 한국 전쟁 영화에서도 영화 제작 환경과 관련된 시간성을 찾을 수 있다. 한국 전쟁 영화는 한국전이라는 역사 사건을 표현하고 해석하는 방식에 있어 지난 반세기 동안 상당한 변화를 보여주고 있다. 할리우드가 만든 주류 영화 중에서 상업적으로 가장 성공한 작품으로 꼽히는 영화는 단연 〈매쉬MASH〉이다. 이 영화는 한국전쟁을 배경으로 하고 있지만 1970년대 제작 당시 큰 사회적, 정치적 반향을 일으킨 베트남전으로 인해 미국 전역에 확산된 반전 분위기를 반영하고 있다.

영화 텍스트가 지닌 두 번째 시간성은 역사의 재구성적인 측면을 강조하기에는 더할 나위 없이 적절한 대목이다. 역사교육자들은 영화제작 환경과 역사 해석의 시각 차이 등이 반영된 영화 텍스트를 역사적, 문화적 산물로 이해하고 가르칠 수 있다. 컴퓨터 그래픽이나 동시 녹음과 같은 영화제작 환경의 변화는 보다 현대적인 방식으로 저자(감독)의 존재를 희석시킨다. 따라서 동일한 역사적 사건을 다루고 있더라도 이후 시기의 보다 세련된 방식으로 진화한 서술 방식은 보다 신뢰할 만 한 역사 해석을 제공하는 듯하다. 또한 오히려 역사적 사실이 감독의 관점에 의해 왜곡된 영화의 경우에는 영화가 제작된 당대의 관점을 고찰할 수 있으므로 사회문화적 사료로서 그 의의가 크다 하겠다.

② 역사 영화는 역사적 정확성을 그대로 그려낸 영화가 좋은 영화이다.

역사가들은 종종 역사적 정확성을 잣대로 영화를 가늠한다. 다시 말해 문자로 된 역사를 검증하는 기준과 동일한 준거에 의해 역사영화의 신뢰성을 검토하는 것이 관행처럼 여겨졌다. 단 하나의 사실 왜곡이나 오류도 영화 신뢰성에 의심을 품게 한다는 것이다. 그렇다면 문자로 된 역사가 한치의 오차나 오류도 허용하지 않는가 하면 결코 그렇지 않다. 중요한 것은 과거의 현상과 결과에 대한 가장 그럴법한 설명들과 많은 추측을 상정하여 사실과의 비교를 통해서 수정해가는 과정이 역사서술에 필수적이라는 점이다. 또한 영화적 서술을 문자로 된 역사 서술과 동일한 선상에서 보게 될 때, 영화 제작에 고유하게 채용된 수많은 선택과 가변적인 요소들을 논외로 놓게 된다. 따라서 사료적인 정확성은 영화를 평가하는 유일무이의 척도가 될 수 없고 되어서도 안된다. 대신 역사적 상상력에 의해 촉발되고 허용된 예술적 자유에 근거하여 역사영화를 평가할 수밖에 없다. 따라서 문자로 기술된 역사가 실제 일어났던 사실을 다루지만 삶의 보편적 진리를 드러내지 못한다면, 비록 실제 일어난 사실은 아니지만 '역사적 허구'로써 보편적 진리를 구현할 수 있는 영화가 더 의미 있다는 지적에 귀 기울여 볼 만하다.

4. 영화로 역사 수업하기

영화는 보통 100~200분 사이의 영상으로 역사 수업에서 어떻게 반영하여야 할지 난감할 때가 많다. 2차시에서 3차시로 끊어서 주제별로 나눌 수도 있지만, 이럴 경우 영화의 흐름을 막을 수 있다. 따라서 1차시는 사전교육을 통해 영화의 역사적 배경, 등장인물 등에 대해 탐구하는 시간을 갖고 2차시에 편집된 영상을 보는 것도 방법이다.

<영화 수업 매뉴얼>

1. 발표자들은 영화선정에서 학생들에게 익숙하지 않은 영화역사를 선정하도록 한다. 학생들에게 익숙한 영화는 수업 시간 중 영화 몰입도를 저해할 수 있다. 한편, 아무리 역사적으로 의미 있는 내용이라 하더라도 영화 화질의 상태가 나쁘다면 영화 선정을 한번 더 고려해 보아야 한다.

2. 발표자들의 발표 내용에는 다음과 같은 요소들이 반드시 들어가야 한다.
   - 영화제작 년도, 감독, 배우 프로필
   - 영화 제작에 관한 에피소드
   - 다양한 영화 비평 분석
   - 영화 선정 이유
   - 영화의 시대적 배경(구체적이고 상세할 것)
   - 영화 속 인물 탐구
   - 영화의 내용과 역사적 사실이 다른 부분 탐구(가장 중요)
   - 토론 주제
   - 영화의 역사적 사실이나 인물에 대한 상반된 학계의 평가
   - 같은 주제 또는 비슷한 시기를 다룬 다른 영화 비교 연구

3. 발표자들이 제출해야 할 과제물
   - 풀페이퍼(자유 형식)
   - PPT 자료(자유 형식)
   - 토론 후 다음 차시에는 토론에 대한 해설을 요약하여 제출

4. 발표 후 토론에는 반드시 역사적 사실과 허구에 대한 내용이 포함되어야 한다. 학생들은 발표자들에게 질문하고 질문한 내용을 바로 답변하기 어려울때는 차시의 본 수업 전에 답변의 시간을 갖도록 한다.

5. 영화비평 글쓰기: 일반적으로 영화 비평이 갖추어야 할 요건은 영화의 주제, 기술적 완성도, 작품 경향, 연기와 연출, 촬영 등의 전반적인 조화, 감독의 이전 작품과 해당 작품의 비교 등이다. 좋은 영화 비평이 되기 위해서는 위의 구성요소가 기본적으로 충족되어야 한다. 영화비평은 감독이 자신의 시점으로 창조한 세계에서 암시하고 있는 것을 찾아내야 한다. 또한 주인공의 대사와 행동, 사건에서 감독이 말하고자 하는 것을 끄집어 내야 한다. 좋은 비평을 위해서는 영화의 구성요소에 대한 깊이 있고 올바른 이해가 필수적이다. 비평가는 영화의 시공간적 특성을 알아야

하며 편집이 갖는 속도감과 리듬을 이해하여야 한다. 배우간의 조화가 잘 이루어졌는가를 살피는 것도 중요한 사항이다. 이런 요소들이 개별적으로는 뛰어나지만 영화의 주제와 전체적인 조화를 이루고 있지 못하였을 때는 그 이유와 그로 인한 단점을 지적하여야 한다. 영화의 주제가 누구의 시점으로 진행되어 있는가를 살피는 것도 중요하다. 극적 구조의 탄탄한 구성도 살펴야 한다. 숏의 크기와 숏 안에서 벌어지는 연기자의 움직임, 등장인물의 심리를 묘사하는 카메라의 움직임을 파악하는 것도 비평을 위해서는 필요한 사항이다. 역사영화 비평에서는 이러한 일반적인 영화비평과 함께 역사 내용이 함축하고 있는 역사와의 개연성, 영화의 허구성 등이 함께 다루어져야 한다.

5. 영화의 역사

영화의 사전적 정의는 어떤 내용을 전달하기 위해 순간순간의 장면을 연속으로 촬영하여 만든 영상을 음성과 같이 편집한 영상물이다. 즉, 영화란 스크린 위에 움직이는 영상과 음향으로 이루어진 예술을 일컫는다. 한마디로 움직이는 그림(motion picture), 활동사진이다.

영화가 만들어진 초창기에는 한국과 일본에서 모션픽쳐(motion picture)를 영작하여 '활동사진'이라고 부른적도 있었다. 그 밖에 영화는 기록을 촬영하는 장비 중에 하나인 필름(film), 움직이는 영상이라는 의미의 무비(movie), 함께 모여서 보는 장소를 의미하는 시네마(cinema) 등으로도 불린다.

① 필름(film)으로서의 영화

영화라고 하는 것을 기계적 물리적 현상으로 설명하면 카메라로 찍은 필름을 영사기로 틀어서 보는 것이다. 따라서 영화는 카메라, 필름, 영사기 등 세 가지 기계장치가 있어야 존재한다.

② 무비(movie)로서의 영화

영화는 정지된 사진들을 빠르게 돌려서 마치 움직이는 것처럼 보이게 하는 눈속임을 원리로 하기 때문에 움직이는 그림(motion picture), 활동사진으로 불리는 것이다. 따라서 영화는 시각매체이고 시각 정보를 전달하는 매체이며, 나아가 시청각 종합매체이기도 한 것이다.

③ 시네마(cinema)로서의 영화

영화는 움직이는 그림을 담은 한 편의 완성된 필름으로 끝나는 것이 아니다. 영화관 또는 영화를 상영해 주는 극장을 통한 관객과의 만남에서 비로소 영화 행위가 완성되는 것이다.

최근 텔레비전과 비디오 재생기, 인터넷이 안방에 등장하면서 시네마로서의 영화라는 개념은 많이 퇴색했다. 이 때문에 소극장이 늘어나거나 대형화면, 돌비 시스템 등 첨단 기술에 의존한 볼거리를 늘려 시네마로서의 영화라는 개념을 이어 가고 있다.

영화는 1895년 12월 프랑스의 오귀스트 뤼미에르와 루이 뤼미에르 두 형제에 의해 만들어졌다. 최초의 영화는 '기차의 도착'(1895, 30초), '공장으로부터의 귀가' 등으로 알려져 있다. 그러나 이는 영화라는 활동사진의 '대중 상영'이 처음 시작되었다는 것일 뿐, 카메라로 찍은 필름이 처음 발명되었다는 것은 아니다.

뤼미에르 형제에 의한 영화 탄생의 의미는 '필름으로서의 영화' 역사가 시작된 것이 아니라 영화가 대중화된 시점, 즉 '시네마로서의 영화'가 출발했음을 뜻한다.

사실 그들의 영화는 미국의 발명왕 에디슨의 영향으로 나온 것이었다. 에디슨은 우연한 기회에 '눈을 위한 축음기'에 관한 아이디어를 떠올렸다. 이에 영상을 녹화할 수 있는 키네토그래프(Kinetograph)라는 기구와 녹화된 영상을 재생시키는 키네토스코프(Kinetoscope)를 개발했다. 즉 카메라와 필름, 영사기를 발명한 것이다.

컬러사진, 움직이는 사진에 관심이 있었던 뤼미에르 형제는 이 발명품을 보고서 영감을 받아 영사기를 발명해 냈다. 뤼미에르 형제는 그들이 발명한 최초의 촬영 및 영사기에 시네마토그라프(Cinematographe)라는 이름을 붙였다. 그들의 아버지는 라틴어에서 따 온 도미토르라는 이름을 제의했지만, 형제는 그리스어의 kinēma(움직임)와 graphein(쓰다)를 합쳐서 만든 세네마토그래프라고 이름을 지었다.(이 영사기는 1929

년 발성영화가 만들어지기까지 가장 널리 이용되었다.)

1895년 12월 28일 최초의 영화가 상영되었다. 그날의 모습을 조르주 멜리에[2)]는 이렇게 묘사했다.

> "우리는 몰트니 영사기의 영사막으로 쓰임직한 화면을 마주하고 앉았습니다. 그 위로 리옹에 있는 벨쿠르 광장의 사진이 떠올랐습니다. 저는 약간 놀라서 옆사람에게 이런 말을 했습니다. '또 그 영사기라는 거네요. 제가 저걸 써먹은 지가 한 10년은 되죠.' 그런데 미처 말을 끝내기도 전에 화면 위에서 말 한 마리가 마차를 꽁무니에 달고서 우리 쪽으로 달려왔습니다. 다른 마차들이 줄줄이 뒤를 잇고요. 그 순간 번화하고 활기 넘치는 거리를 떠올리지 않을 수가 없었습니다. 모두들 말을 잊고 입만 헤벌리고 있었죠."

1980년대 말과 1900년대 초에 뤼미에르 형제는 주로 일상의 순간을 희화화하되 활극 요소를 가미해서 연출한 단편영화들을 만들었다. 이것들은 20~50초 남짓한 단편영화들이었으며, 1900년대 후반 이후 1910년대에는 총 15~20분짜리, 간혹 45분짜리 단편들, 그리고 이런 단편들의 연작 시리즈물이 제작되었다. 따라서 유료 관객을 만족시키기 위해 환등과 곡예, 무용을 섞은 연예프로그램의 한 부분으로 영화를 넣었고, 수차례 반복영사를 하는 것이 서구 및 다른 나라에서도 일반화된 관행이었지만 관객의 불평은 없었다.

1902년 프랑스의 멜리에스가 「달세계 여행」을 만들었다. 영화의 개척자이며 마술사로 불리던 멜리에스는 연속적인 시간의 개념과 동일했던 영화적 시간을 바꾸는, 당시로서는 혁명적인 새로운 개념을 제시했다. 그는 자기 영화에서 줄 베르느의 공상과학소설을 재현했으며 시간이 반복될 수 있다는 것을 보여주었다. 그는 SF영화의 개척자이자 프랑스영화 또는 예술 영화의 선구자였다.

1915년 미국의 그리피스가 남북전쟁을 서사시적으로 개관한 「국가의 탄생」을 만들어 냄으로써 본격적인 장편극 영화를 풀발 시켰다. 이 영화의 배급으로 재미를 본 루이스 메이어는 이런 영화를 계속 만들겠다고 선언하고, 「인톨러런스(불관용, 1916)」 이후 볼거리(스펙터클) 위주의 할리우드 식 대량 생산 방식을 도입하게 되었다.

---

2) 조르주 멜리에(1861~1938)는 영화를 예술로 인지한 최초의 영화 제작자이며 영화 언어의 발명가이다.

6. 우리나라 영화의 역사

① 영화의 도입

우리나라에 활동사진이 처음으로 들어온 것은 언제이며 누가 어떤 내용의 필름을 어디에서 무슨 목적으로 어떻게 상영하게 되었는지에 대하여는 정확한 기록이 없다. 일부에서는 한국에서 영화는 1890년대에 전기와 전차가 근대의 물적 표상으로 돌출하던 무렵에 사진 환등회를 통해서 소개되기 시작했다고 하기도 한다. 1899년 일반인 상대는 아니지만 고종황제 및 황실인사들을 대상으로 미국인 여행가 E. 버튼 홈스가 영화를 상영했다는 기록이 있다는 것이다. 그리고 다소 시차는 있으나 1903년 외국계 기업이 홍보를 위해 일반인 상대로 활동사진을 상영하면서부터 영화 역사가 시작되었다.

즉, 외국계 기업들이 상품선전을 목적으로 예를 들면 미국인 콜브란, 보스톡이 경영하는 한성전기회사에서 전차 선전 겸 회전목마와 더불어 활동사진관람소를 동대문 전차회사 차고지에 개설하여 회사 창고나 마당에 포장을 치고 짧은 단편영화들을 상영한 것이 한국영화 역사의 시작으로 보는 것이다.

또는 광무 7년경(1903년) 동경 흥행업자 길택상회(吉澤商會)의 손을 거쳐서 일본인 거류민들에게 보이기 위해서 들어온 영미연초회사의 선전 필름이 조선에 있어서 활동사진 상영의 효시라고도 한다.

그러나 영화의 전래시기와 경위에 대하여는 많은 연구가들의 조사연구와 의견들이 있지만 '영화를 들여온 목적은 담배를 선전하고 팔기 위해서'라는 공통된 연구 결론을 갖고 있다.

그러나 극장상영으로는 광무 8년 경(1904년) '원각사'에서 프랑스 '파데(Pathe)'사의 단편영화[3]를 유료로 관람시킨 것이 처음이라는 주장이 있다. 여하간 공식적이 기록을 간추리면 1903년 이전까지 영화는 외교관, 선교사, 서양 기업가와 상인, 일본인 상인들에 의해 특정계층의 소수 관람객을 상대로 간헐적 · 단편적으로 소개되었다.

---

3) 파데사의 최초의 영화는 1901년에 나온 「범죄이야기」라는 영화이고 두 번째 영화는 그 이듬해에 나온 「알코올 중독자들」이라는 영화이다. 이 두 편의 영화는 현실적이고 교훈적인 주제를 다루었다고 한다.

1904년에 일본활동사진회가 소광통교 부근에 흥행장을 개설하여 영화를 상영했고, 1906~1907년경에 프랑스인 마텡이 벽돌 양옥집에서 활동사진을 영사한다는 광고기사가 『황성신문』이나 『대한매일신보』에 실렸는데, 이는 서구의 가정극정 형태와 유사하다. 또 1906~1907년간 경성 사동과 필동에 각기 일본인이 세웠다는 활동사진소, 일본인 연극장이나 가부키자에서도 영화를 상영했다는 기록이 있다.

1906년 들어 미국계 기업인 '한미전기회사'의 마당에 설치된 가설극장은 '동대문 활동사진소'라는 명칭을 얻게 되며, 영화에 대한 일반의 호응이 매우 뜨거웠고 지속적이었음을 짐작케 한다.

1907년 '한미전기회사' 활동사진소 자리에 구파연극(창극이나 판소리, 기생 소리와 무도, 만담공연)을 공연하는 목제극장 '광무대'가 세워졌다. 그리고 비슷한 시기에 전통영희 종목을 앞세운 '원각사', 민간인이 세운 '연흥사', '단성사', '장안사'가 생겨났다. 이곳에서는 활동사진도 간간이 상영했는데 다른 연희종목 사이에 끼워넣는 식이었고, 이들은 연극관이었지 전용영화관은 아니었다. 조선 최초의 상설 영화관은 1910년 일본인이 세운 '경성고등연예관'이다. 1912년에는 '원각사'와 '장안사'가 각기 '유광관', '지만관'이라는 명칭의 영화 전담조직을 산하에 두고 영화를 상영하기 시작하며,[4] 일본인 변사를 고용하고 일본의 시대극과 실사 영화를 주로 상영했던 '경성고등연예관'에 대적하여 서양영화에 주력한 조선인 전용의 '우미관'도 생겨난다. 1913년에는 '황금유원(일종의 놀이공원)' 내에 설립된 '황금관'이 일본 · 서양영화를 상영했다.

다시 말해 1910년대 초, 조야한 신파연극 및 전통연희가 주도하던 연예계에 영화가 중요한 흥행종목으로 부상하는 변화가 일어났다. 또 일본 상업자본이 극장산업을 주도하는 가운데, 조선인 관객을 위한 조선영화관들이 만들어지기 시작했다. 1918년 연극전용이던 '단성사'가 조선인 전용 영화상설관으로 개축되면서 조선의 영화계는 일본계의 '대정제1관', '대정제2관'(조선인전용), '황금관', '세계관', 조선계의 '우미관', '단성사'로 양분화된다. 즉 일본영화, 일본인 변사, 일본인 관객과 조선의 중 · 상류층 청년들을

4) 일제시대는 이런 형태의 흥행이 일반적이었다. 가령 연극 전문 원각사에서 영화를 상영하는 단체 혹은 부서나 조직을 '유광관'이라고 칭하고 이들이 영화관련 프로그램을 구성 · 운영했는데, 이 경우 원각사 건물에서 영화를 상영하지만 대외적으로는 '유광관'에서 영화를 상영하는 것으로 공개되는 것이다.

주관객으로 한 일본계 영화관과 그보다 저렴한 입장료에 시설도 조야하고 일본계 영화관에서 상영이 끝난 필름을 가져다 영사했던 조선계 영화관으로 구분된 것이다.

그러나 영화가 극장을 통해서만 보급된 것은 아니다. 총독부가 주관하는 뉴스 · 실사 및 위생영화, 일본계 기업들의 홍보를 위한 무료 상영회, 신문사 · 잡지사, 기독청년회 등 사회단체, 병원, 교회 등 기관이 주관한 이동영사 및 순회영사야말로 극장은 물론 별다른 유흥시설이 없는 지방과 농어촌의 대중이 영화를 경험하는 주요한 계기였다. 일례로 총독부 기관지 『매일신보』는 경성 본사와 평양, 대구 등 지국에서 구독자 위안우대권을 발부하고 무료 활동사진회를 개최하는 한편 일반 상영관의 우대 할인권을 배부하는 식으로 수시로 영화를 자사 홍보에 적극 활용했다. 자체 주관인 경우에도 경성, 평양 등 영화관이 있는 도시에서는 영화관을 빌려 행사를 했고, 일반 상영관의 반액할인권을 배부하는 경우에는 보도를 통해 영화를 적극 홍보해주는 협찬형식이 많았다.

종교 · 사회단체에서도 영화를 근대화 교육의 수단으로 간주하고 '활동사진대'를 조직하여 순회영사를 하곤 했는데, 이 경우에는 오히려 입장료를 받았다. 당시 연극장에서 교육, 의료, 사회단체 후원 목적으로 공연을 한 것처럼 영화도 아동, 고아, 여성교육, 여성복지 기금을 모으는 수단으로 이용되었다.

한편 공터에 막(screen)만 설치하고 영사하는 무료관람이야말로 일반 대중이 영화를 처음 접하는 중요한 통로였다. 앞에서 예로 든 총독부, 사회단체, 종교단체뿐 아니라 병원이나 관청에서도 지역유지, 각 학교 임원, 생도 등을 초청해 환등회를 열기도 했고, 교회부흥회나 사경회에서도 예수 및 성인들의 사적과 동서양의 경치사진을 환등하는 프로그램을 넣곤 했다.

참고로 1922년도 통계를 보면 활동사진 흥행일수는 2,566일, 관객 수 96만 1,532명을 기록했는데, 경성 인구를 26만으로 잡으면 경성 주민 1인당 약 4일 꼴로 영화를 본 셈이다. 이로써 1910년대 말에 이르러 영화관객이 연 100만 명에 육박했음을 추산할 수 있다.이 숫자에는 이보다 많았을 학교, 여관, 병원마당에서 무료로 영화를 관람했던 지방과 농어촌 관객은 빠져있다.

② 초창기의 외국영화 수입

영 · 미연초회사가 그들의 담배를 팔거나 전차승객을 유치하기 위해서든 간에 영화(활동사진)이 들어오면서 활동사진은 대단한 인기를 끌었다. 특히 1910년 한일 합방이 되면서 외국 영화는 쏟아져 들어왔다. 1910년부터 1923년 사이의 만 12년 정도의 기간 동안 대략 2,604편의 외국 영화가 쏟아져 들어왔다. 이것은 당시 조선이 세계 영화의 중요한 영화시장이었음을 보여주는 것이다. 특별히 위에서 언급한 한국인을 상대로 한 '우미관'과 '단성사'에서 유난히 많은 영화가 상영되었다는 조사는 이러한 추측을 가능하게 한다고 보기도 한다.

당시 '우미관'은 1916년 미국의 유니버설과 독점계약을 맺음으로써 많은 영화를 상영할 수 있었고 '단성사' 또한 일본 기업들과 제휴하여 영화를 공급받았다. 이때까지만 해도 한국에서는 영화를 만들겠다는 생각은 가질 수가 없었다.

외국 영화들이 우리나라에 물밀 듯이 들어온 시기는 1920년 전후로서 1919년에는 무려 252편이 들어왔다. 이 중 미국 국적의 영화가 200편으로 총 수입 편수의 79%를 점유하고 있었다.

1920년에는 총 182편이 수입 상영되었는데 이 중 미국 영화는 85% 이상인 156편을 상영함으로써 이미 한국의 영화시장은 미국에 의해 독점 상태에 들어갔다. 1918년에 123편(85%), 1921년에 69편(82%), 1922년에는 120편(90%)을 차지함으로써 한국의 영화 시장은 미국영화사의 황금어장이 되어 있었다.

특별히 미국 영화가 최초로 한국에 소개된 것은 1914년 9월 9일이다. '대정제2관'에서 상영된 미국의 바이오 그래프회사의 군사대활극 「포로」였다.

초창기의 수입영화는 위에서 언급한 바와 같이 여러 가지 선전용 영화와 파데 사의 단편 영화들 정도였다. 1910년대에 접어들면서 점차 영화들은 스토리를 가진 단편영화나 시사물로 변한다.

그리고 1910년대를 넘으면서 수입된 구미각국의 영화는 이미 무성영화시대의 황금기를 향하고 있었다. 이 무렵에 공개된 영화를 간단히 추려보아도 그 분위기를 짐작할 수가 있을 것이다. 압도적으로 인기를 끌었던 오락 영화로서 「쿼바디스(1913)」, 「신오샐로장전(1913)」, 「나폴레옹(1913)」, 「엘리자베스여왕(1914)」 같은 고금의 시대극이나 영걸물, 그리고 「천마(1914)」, 「지바고(1915)」, 「명검(1916)」같은 재미있는 연속 대활극(대난투극)등을 들 수 있다.

그리고 「시빌리제이션(1917)」, 「잔다르크(1918)」, 「부활(1920)」, 「세계의 마음(1920)」과 같은 대작과 「탁류(1915)」를 비롯한 수많은 브루버드영화라든가 「설붕(1917)」과 「호반의 처녀(1920)」같은 문예 영화, 그리고 막스 랑데와 찰리 채플린의 2권짜리 희극에서부터 「황금광시대」까지, 1920년대에 이르러서는 D.W. 그리피스의 「인톨레런스(1922)」와 「동도(1923)」, 렉스 잉그람의 「묵시록의 네기사(1925)」 등에 이르는 무성영화 황금시대의 명작, 걸작들이 도도한 조류를 이루고 수입되어 관객들의 마음을 사로잡았다.

③ 한국인이 만든 영화 제작의 태동

이렇듯이 영화는 1900년대 초반에 유입이 되어 1920년대에 이르기까지 서울에 머무르지 않고 그 인기가 전국으로 확산되기에 이른 것이다. 그리하여 이 시기에 구미각국의 영화가 수입되어 한국의 대중들에게 배일적(排日的)이며 구미의 새로운 문물과 사상을 깨우치는 역할도 매우 컸다. 이 기간은 또 한국영화계의 개척자들에게 영화에의 의욕과 영화인으로서의 등장을 준비하는 기간이 되기도 하였다.

그러나 일제의 통치하에 있는 식민지 상황이었고 일본은 영화가 가지고 있는 정치적, 선동적 성격을 미리 잘 알고 있던 상황이었기 때문에 우리나라에서 직접적으로 영화를 제작한다는 것은 매우 어려웠다.

이러한 현실에도 불구하고 1919년에 김도산에 의하여 연쇄극인 「의리적 구토」[5]가 제작되어 단성사에서 공개되었다. 촬영장소(내용)로는 한강철교, 장충단, 청량리, 전미교, 남대문 정거장, 뚝섬, 전곶교, 전차, 기차, 노량진, 공원, 기타였다.

「의리적 구토」는 불완전한 형태의 공연물로 그 당시 우리나라에서 유행하던 신파극이 일본 연쇄극을 모방해서 만든 작품이었다. 연쇄극은 신파극과 영화가 결합된 이질적인 양식을 혼합한 공연물을 말하는데, 비록 연극 막간에 삽입되어 스크린에 영사된 것이기는 했지만 이때 필름에 촬영된 활동사진은 한국 최초의 영화제작이었다고 볼

5) 혹자는 이 영화의 제목이 「의리적 구투」라고 하기도 한다.

수 있을 것이다. 그 내용은 다음과 같다.

> (전략) … 특징적인 것은 1919년 활동사진과 연극을 연결시킨 최초의 연쇄극 「義理的 仇鬪」를 공연한 점이다. 가령 숲에서 청년과 악한이 싸우다가 악한이 도망을 간다. 호각 소리와 함께 불이 꺼지고 백포장이 천정에서 내려와 배우들이 그 뒤로 숨으면 다시 호각 소리가 나면서 영사물이 비치는데 악한이 산으로 기어 올라가는 장면이다. 이때 막 뒤에서 말을 주고 받는다. 그러다가 이윽고 악한이 잡히면서 단도를 꺼내 청년을 죽이려 하자 갑자기 호각 소리가 또 나면서 순식간에 포장이 올라가고 불이 켜지면서 방금 영사물에서 빼든 악한의 칼이 청년을 찌르게 하는 식이다.

한편 일본의 영화연구가인 나카다는 1919~1952까지의 『조선극영화작품리스트』에서 「의리적 구토」와 함께 선을 보인 「경성전시의 경」을 '조선최초의 기록영화'로 주장하고 있다. 그러나 이 영화는 단성사의 박승필이 제작비를 투자하였으나 일본인의 작품이기에 순수한 한국영화라고 하기에는 무리가 있어 보인다.

1920년에 황금관에서 개봉하면서 전국에 무료로 상영된 「호열자」도 우리나라 최초의 영화라고 보기는 어렵다. 비록 조선 배우들이 출연하고 있지만 조선총독부가 제작하고 감독, 각본, 촬영 등에 이름이 보이지 않는 것으로 보아 일본인들이 그 부분을 담당하지 않았을까 하는 짐작을 갖게 한다.

따라서 현재는 경성 호텔에서 초대시사회를 가진 윤백남의 「월하의 맹서」를 최초의 극영화로 인정하고 있다. 이 작품은 비록 조선총독부 체신국에서 저축을 장려하려는 목적으로 제작한 계몽극영화이기는 하였지만 처음부터 끝까지 완전한 필름 제작이었다. 술과 노름으로 가산을 탕진한 남자가 착실한 약혼녀의 저축으로 갱생하게 된다는 내용이다. 아득한 초창기의 작품이었지만 차분한 묘사로 호평이었고, 한국 최초의 여배우 이월화를 배출시켰다.

이 무렵부터 한국에서의 영화제작이 본격화하였다. 동아문화협회가 「춘향전」 단성사 제작부가 「장화홍련전」을 제작한 것을 비롯하여, 부산에서 창립된 최초의 영화제작회사인 조선키네마주식회사가 「해(海)의 비곡」을 제작 공개하였다. 이어서 윤백남 프로덕션이 「심청전」을, 고려키네마가 「개척자」를, 고려영화제작소가 「쌍옥루」를, 반도키네마가 「멍텅구리」를, 계림영화협회가 「장한몽」을, 조선키네마사가 「농중조」를 내놓았다.

이렇듯 20년대 초반기에 활기를 띤 한국영화가 「춘향전」, 「장화홍련전」, 「운영전」, 「심청전」 등 한국의 고전작품에서 그 제재를 찾았다는 점은 특히 주목할 만하다. 또한 이광수 원작의 「개척자」가 초기 계몽주의 작품으로 제작된 것도 뜻깊은 일이었다. 그러나 초창기의 한국영화에서 대체로 개화기 신파물이나 모방 번안물 등 멜로드라마가 범람한 것도 어쩔 수 없는 일이었다. 그런 가운데에서 「농중조」, 「장한몽」과 같은 작품이 구습타파와 자유연애사상의 고취 등 계몽주의의 선봉에 섰다는 점은 이 시대의 영화다운 일면을 잘 보여주는 것이다.

④ 나운규의 작품들

특별히 1926년은 매우 뜻깊은 해였다. 나운규의 「아리랑」을 통하여 한국 영화는 이제까지의 오락적인 활동사진의 차원에서 벗어나, 영화라는 매체가 영화인들에게는 일제에 대항하여 투쟁하는 문화운동의 하나일 수 있음을 인식시켜 주었고, 민중들에게는 거리 한복판에서 동포와 호흡을 같이 하며 일제에 대한 울분과 분노를 맛볼 수 있게 하였다.

광인인 주인공 영진이 그의 누이동생을 유린하려 하는 일제의 앞잡이 악덕 지주의 마름을 낫으로 찔러 죽이고, 우리의 민요 아리랑을 부르며 일본경찰에 끌려 고개를 넘어가는 영화의 마지막 장면은 당시 민중들의 울분을 보여주고 있으며, 일제에 대항하는 민족적 저항정신이 민중적인 차원에서 다루어지고 보여진 것이다.

사실 나운규는 젊어서 독립운동독립군단체와 관련을 맺으면서 독립운동을 하다가 '청회선터널폭파미수사건'의 용의자로 잡혀 1년 6개월의 형기를 마친 뒤 1923년 출감한 독립운동가였다. 「아리랑」은 그의 청년기 독립운동의 연장선이었고, 일제에 대한 투쟁정신의 한 표현이었다.

「아리랑」 이후의 작품들은 대체로 「아리랑」보다는 소극적인 기조를 보여 주고 있다. 「아리랑」 이후 작품의 대부분은 당시 사회를 정확히 분석 · 묘사하기보다는 신파

· 활극적인 요소가 가미됨으로써 「아리랑」에서와 같은 치열한 저항의식을 보여주고 있지 못하다. 이는 일제의 극심한 검열 하에서 만부득이한 일이라고도 볼 수 있으나, 나운규 자신의 치열한 작가의식의 퇴조에서 그 원인을 찾을 수 있을 것이다.

「아리랑」에서 보여 준 민족적 저항정신은 1930년의 나운규 주연, 이규환 감독의 「임자 없는 나룻배」에서 또다시 폭발되었다. 농촌에서 살 터전을 잃고 서울로 올라왔으나, 서울에서 아내를 잃고 다시 시골로 내려와 딸과 함께 나룻배 사공이 된 수삼, 다시 그의 터전을 빼앗는 철교가 가설되고, 또 기사가 딸을 희롱하자 기사를 도끼로 찍어 죽이고, 그때 실수로 그의 집과 딸이 불속에 휩싸인다. 분노가 치민 수삼은 도끼자루를 들고 달려오는 열차를 향해 돌진한다. 바로 이러한 내용에서 민족적 저항 정신을 찾아볼 수 있는 것이다.

한편, 저항의 성격이 강한 민족계몽주의가 안종화의 「청춘의 십자로」와 「은하에 흐르는 정열」 같은 멜로드라마조의 작품 속에서도 뿌리 깊은 흐름으로 이어졌다. 이 시기에 심훈은 의욕적인 계몽대작 「상록수」의 시나리오를 발표하였고, 그 영화화를 서두르다가 요절하였다. 나운규의 후기 활동 역시 민족계몽사상을 응결한 것이다. 그는 「아리랑」 후편과 3편을 만들어 삼부작을 완성하였다.

이 밖에도 「강건너 마을」과 유작 「오몽녀」를 발표하고 37세의 젊은 나이에 요절하였다. 나운규의 유작 시나리오인 「황무지」에는 그의 후기 민족계몽사상이 집대성되어 있다.

⑤ 발성영화의 제작

30년대 중반에 들어와 외국 토키 영화[6]의 수입과 흥행은 영화계에도 발성영화의 제작을 재촉하게 되었다. 1930년대 후반에는 경성촬영소 · 한양영화사 · 고려영화사 · 조선영화주식회사 등 스튜디오와 녹음시설을 갖춘 제작사를 중심으로 영화제작이 이루어지게 되었다.

한국 최초의 발성영화는 1935년 이명우(李明雨)가 감독한 「춘향전」으로 경성촬영소에서 제작되었고, 녹음기술을 해결한 것은 한국영화 최초의 촬영기사인 이필우였다.

---

6) 영사할 때 영상과 동시에 음성과 음악이 나오는 영화.

「춘향전」의 제작으로 그 이후의 작품은 자연히 무성영화에서 발성영화로 전환되어 갔다. 1930년대의 주요 작품에는 계속적으로 저항의식과 끈질긴 계몽주의적 성격이 계속되었다.

일제는 1937년 만주사변과 대동아전쟁을 기화로 문화 전반에 걸쳐 사상검열을 강화하였다. 영화도 예외는 아니었다. 이후 한국 영화는 일본어 사용을 강요당했고[7], 더군다나 1940년에 들어서자 일제는 마침내 그들의 침략전을 합리화하고 전의를 고취하려는 목적으로 '조선영화통제령'을 공포하여, 전면적이고도 가혹한 영화통제의 의도를 노골화하였다. 그리고 어용단체를 두어 영화 제작 · 배급의 전반적인 부문을 장악하고 통제하기 시작했다. 1940년 이후에는 몇편을 제외하고는 대부분 친일 영화이다. 〈군용열차〉(서광제, 1938, 66분)을 시작으로 〈국기 아래에서 나는 죽으리〉(이익, 강야진일, 1939, 9분)[8]와 해방 직전에 상영된 〈사랑과 맹서〉(최인규, 1945)까지 대개의 친일 영화는 내선일체의 황국 신민화와 대동아 공영권의 전쟁 동원을 위한 일제의 전략을 그대로 주장하고 있다. 그리고 42년에는 여러 제작사를 조선영화주식회사로 단일화 시켜 버렸다.

이 사이에 간신히 제작된 주요 작품은 최인규의 「수업료」, 「집없는 천사」, 김유영의 「수선화」, 전창근의 「복지만리」, 이병일의 「반도의 봄」, 윤봉춘의 「신개지」 등이었다. 일제에 의해 한국영화가 완전히 질식되기 직전에 제작된 이들 작품은 한결같이 매우 강렬한 민족의식을 짙게 담았다. 최인규의 선연한 사실주의, 김유영의 전통적인 서정의 표출, 전창근의 망명자들의 굳은 자활의지, 윤봉춘의 고집스러운 저항의식 등이 영상 가득히 투영되었다.

---

7) 서울영화집단 편, 『새로운 영화를 위하여』, 학민사, 2000, 351쪽

8) 제작사는 조선문화영화협회와 일본문화영화사이다. 줄거리는 "'생산을 확충시키는 것이 총화국민의 의무'라는 신념을 가진 구장 노인은 가문 논에 홀로 물을 길어 나르다가 쓰러지고 만다. 황군을 돕기 위해 생산을 확충하는 노력을 아끼지 말아달라는 노인의 당부에 아낙들은 열을 맞추어 물을 길어 나른다."는 내용이다.

토론해 봅시다.

1. 시대배경은 역사를 다룬 과거이지만 사실적 인물이 아닌 경우
   ex) 바람과 함께 사라지다, 태극기 휘날리며, 관상

2. 시대배경과 인물 모두 역사적 고증에 초점을 맞춘 경우
   ex) 잔다르크, 1492 콜럼버스

3. 역사 소설을 영화화한 경우
   ex) 올리버 트위스트

4. 일제 강점기 영화는 한국 사회에서 어떠한 기능을 하였는가?

<한국영화사 연표>(1904~1945)

1904년
- 한국 최초로 영미연초회사 창고(충무로 소재)에서 활동사진 소개

1918년
- 연극을 주로 했던 「단성사」가 영화상설관으로 개축(박승필)

1919년
- 한국 최초의 연쇄극 「의리적 구토」와 한국 최초의 기록 영화 「경성전시의 경」을 10월 27일 「단성사」에서 발표

1920년
- 「지기」에서 이필우가 한국인 최초로 촬영 담당

1923년
- 윤백남 감독의 「월하의 맹서」 조선총독부 체신국 제작(경성 호텔 초대시사회)

1924년
- 최초의 뉴스 필름 「전선여자정구대회」(동아일보사 주최, 이필우 촬영, 단성사 제작) 공개
- 한국인 스태프, 캐스트로 최초의 극영화 「장화홍련전」 공개

1925년
- 전국에 27개 극장 산재(서울 12, 부산 3, 마산 1. 대구 1. 대전 1, 원산, 1, 진남포 1, 평양 3, 해주 1)

1926년
- 「우미관」에서 발성영사기를 장치하여 한국 최초의 발성영화를 일반에게 공개
- 나운규 감독의 「아리랑」 공전의 흥행기록을 수립 (9월 단성사 개봉)

1927년
- 외화배극회사 13개사가 병립, 최초 한국인 운영의 배급회사 '기신양행' 설립 첫 외화로 「부활」을 수입

1928년
- 한국최초의 영화잡지 『문예영화』(이경손 주간) 출간
- 나운규 감독의 「사랑을 찾아서」 일제 총독부의 검열에 의해 여러 차례 제명 변경 및 장면이 커트된 후에 겨우 공개

1929년

- 조선일보사에 의하여 한국 최초의 민간 뉴스 영화가 제작 상영

1935년

- 한국 최초의 발성영화 「춘향전」(감독 이명우, 녹음기사 이필우) 제작 상영

1936년

- 활동사진필름 검열규칙의 불비를 보강키 위해 전문 13조의 활동사진영화취제규칙을 공포, 영화정책의 처음이 됨

1937년

- '해외영화수입금지령' 공포로 일체의 외국영화 수입금지

1938년

- 한국 최초의 국내영화제가 조선일보사 주최로 부민관에서 개최

1939년

- 동아일보 제 1회 시나리오 현상공모 당선작 「애련송」(각본: 최금동)이 영화화

1940년

- 조선총독부제롱 제 1호로 '조선영화령을' 공포, 한국 영화는 이때부터 일본어 사용
- 일제의 어용단체인 '조선영화제작자협회'가 결정

1942년

- 전쟁수행을 위한 어용영화 제작을 목적으로 기존 10개 영화사를 패쇄하고 특수법인 '조선영화제작주식회사'를 9월 29일 설립

1943년

- '조선영화인협회' 해산(10월 7일)

영화로 비교 학습하기 Ⅰ

미국판 잔다르크(1948) 대 프랑스판 잔다르크(2000)

1. 영화의 개요

<table>
<tr><td>잔 다르크
(Joan Of Arc, 미국, 1948)</td><td>잔 다르크
(The Messenger: The Story Of Joan Of Arc, Jeanne d'Arc, 프랑스, 1999)</td></tr>
<tr><td>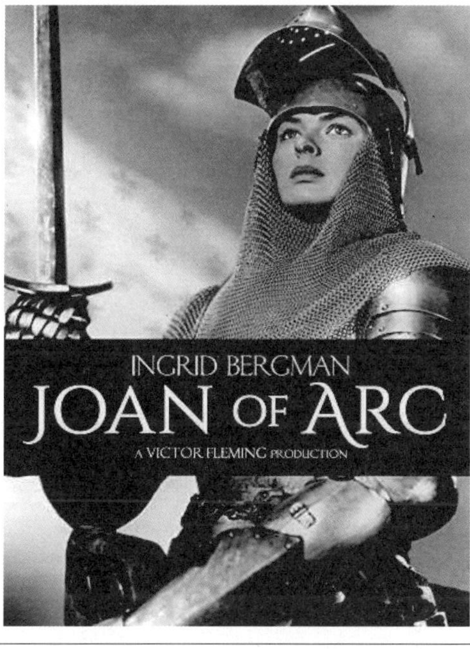
</td><td>
</td></tr>
<tr><td>감독 : 빅토르 플래밍그
출연 : 잉그리드 버그만</td><td>감독 : 뤽 베송
출연 : 밀라 요보비치</td></tr>
</table>

영화를 통한 역사학습은 학생들의 홍미와 관심을 불러일으켜 역사학습에 더욱 적극적으로 참여할 수 있게 만든다는 장점이 있다. 반면에 역사에 대한 중층적 시간성을 이해하지 못할 경우 오히려 역사 이해에 단편적인 시각만을 가질 수 있는 위험성이 있다. 그러므로 이러한 단점들을 극복하기 위해서 같은 이름 인물을 그린 두 가지 영화를 소개함으로써 영화에서 그리고 있는 역사의 진실과 허구를 학생들 스스로 파악할 수 있는 능력을 길러 주고자 한다. 그래서 이외의 다른 역사영화를 감상할 때에도 이러한 시각을 바탕으로 비판적 역사인식을 가질 수 있도록 도와주어야겠다.

2. 줄거리

영화의 시기적 배경은 영국과 프랑스의 처절한 전쟁이었던 백년전쟁이다. 왕권을 빼앗긴 프랑스의 샤를 7세는 대관식을 하기 위해 '렝스(Rheims)로 가려고 하나 영국군에 의해 갈 수 없는 상황이다. 이곳에서 대관식을 해야만 왕으로 인정받을 수 있다.

이 시기 어린 소녀 잔다르크는 영국군에 의해 강간당하고 죽음을 당하는 언니의 참혹한 상황을 보고 하나님께 부름을 받는 포도주를 마시게 된다. 잔다르크는 이후 샤를 7세에게 편지를 보내 군대를 주면 조국을 되찾겠다고 하지만 샤를 7세는 이를 믿지 못한다.

잔다르크는 결국 샤를 7세에게서 군대를 받고 오를레앙 전투를 승리로 이끈다. 이 덕분에 샤를 7세는 렝스에서 왕권을 탈환하지만 백성들은 여전히 어두움 속에서 잔다르크만을 바라보고 있다. 그들을 구할 수 있는 유일한 출구는 샤를 7세가 아니라 잔다르크였던 것이다.

3. 두 영화의 공통점과 차이점

영화를 역사적인 시각에서 비판적으로 바라보기 위해서 두 영화를 대조하여 보았다. 그런 점에 있어서 두 영화의 공통점과 차이점을 파악하는 일은 무엇보다 중요하다.

먼저 공통점을 살펴보면 잔다르크의 일대기를 그녀가 등장하게 되는 배경과 재판 이후 화형에 당하는 것까지를 그리고 있다는 점이 동일하다. 그리고 이 일대기를 그리는 과정 속에서 잔다르크가 신의 목소리로부터 부름을 받아 프랑스를 위해 오를레앙에서 두 번의 전투를 묘사한 것도 동일하다고 할 수 있겠다. 또한 마녀라는 이유로 재판을 받는 과정과 마지막에 화형에 처하는 것도 동일하다. 즉 동일한 점은 잔다르크에 대한 실제적으로 일어났던 주요한 사건들이 중심이 되어 영화가 전개되어 나간다는 것이다.

하지만 차이점도 분명히 존재한다. 잔다르크가 등장하게 되는 배경에 있어서 첫 번째 영화는 신의 목소리로부터 부름을 받았다고만 묘사하고 있지만 두 번째 영화는 영국군이 잔다르크의 집에 들어와서 가족들을 무참히 살해하는 장면을 묘사함으로서 신의 목소리 뿐만 아니라 가족들에 대한 복수심으로 잔다르크가 전쟁에 나갈 것을 결심하고 있다는 것을 암시해 주고 있다. 또한 전체적으로 보았을 때 첫 번째 영화는 주로 사실 중심의 사건으로 극 전반을 이끌어 나가고 있는 반면 두 번째 영화는 잔다르크의 심리적 상태에 초점을 둠으로써 잔다르크가 전쟁을 치르면서 괴로워하는 장면이나 감옥에서 재판을 받을 당시에 악마와 대화를 나누는 장면을 등장시킴으로 자신의 행동에 대해 계속적으로 힘들어하는 것을 볼 수 있다.

이러한 차이점 들을 바탕으로 학생들이 역사영화를 무조건적으로 받아들이는 것이 아니라 비판적인 시각을 가지고 바라볼 수 있도록 도와주어야 하는 것이 교사의 임무이다.

4. 영화의 배경이 되는 역사

1) 백년전쟁

① 원인

백년전쟁의 근본 원인은 영국 왕이 프랑스에 소유하고 있던 영토문제였다. 이 문제를 이해하기 위해서 중세 국가의 특징 및 영국과 프랑스 두 나라의 관계를 역사적으로

거슬러 올라가 살펴볼 필요가 있다.

서양 중세의 정치질서는 정치권력을 장악한 제후들 사이에 맺어졌던 주종 제도, 그리고 이로 인한 지방분권을 그 특징으로 하고 있었다. 따라서 서양 중세에는 주권의 개념을 찾아볼 수 없고, 명확한 국경선을 가진 영토 개념도 결여되어 있었다. 이러한 중세의 정치질서에서는 어떤 한 국가의 왕이 다른 국가에 영토를 가지는 경우가 있었다. 이 경우 그는 한 국가의 왕인 동시에, 자신의 영토가 있는 다른 국가의 왕의 가신이기도 했다.

영국과 프랑스 사이에서도 이런 일이 벌어졌다. 왕권이 약했던 프랑스에서는 12세기 말에 필리프 2세가 등장하여 제후 세력을 누르고 영국의 존 왕과 싸워 프랑스 안에 있는 영국 왕령의 대부분을 빼앗아 왕권을 튼튼히 하였다. 결국 필리스 4세는 교황 보니파키우스 8세와 대립하게 되는데 성직자 과세에 대한 문제가 그 이유였다. 이에 그는 시민과 귀족, 성직자로 된 삼부회를 소집하고 그들의 지지로 교황을 굴복시켜 왕권이 더욱 강화되었다(1302).

한편, 영국과 프랑스는 왕권강화에 힘쓰던 중에 프랑스 내 영국령과 모직물 산지인 플랑드르에 대한 지배권을 둘러싸고 대립하게 되었다. 마침 프랑스에서 발루아 왕조가 들어서자 영국 왕이 프랑스의 와위 계승을 주장하면서 두 나라 사이에 백년 전쟁이 벌어졌다.

② 전개

- 제1국면(1337~1360) : 영국이 잇달아 승리하고 브레티뉴이 조약을 맺은 시기
- 제2국면(1360~1413) : 프랑스가 군사적 열세를 만회하였고, 양국의 내부적 혼란으로 전쟁이 중지되었던 시기
- 제3국면(1413~1453) : 전쟁이 재개되고 프랑스가 파국의 위기에 처했으나 최종적으로 승리한 시기

- 제1국면(1337~1360)

백년전쟁은 1339년 플랑드르와 북(北)프랑스에서 양국군 사이의 사소한 다툼에서 비롯되었다. 제1국면은 영국의 독립 자영농민을 주로 한 보병의 전법이 프랑스의 봉건적 군인 전법보다 우수하였기에 1340년 슬로이스에서의 승리를 시작으로 칼레시 승리

에 이르기까지 승승장구할 수 있었다.

• 제2국면(1360~1413)

프랑스에서는 샤를 5세가 즉위하여 브레티니 화약에서 맺은 조약에서 영국에게 할양된 영토를 거의 탈환하였다.

• 제3국면(1413~1453)

샤를 7세를 지지하는 아르마냐크파는 잔 다르크의 출현으로 샤를 7세의 왕권을 탈환을 볼 수 있게 되었다. 한편 잔다르크는 부르고뉴파에 의해 영국 측에 팔려 1431년 화형에 처해지게 된다.

③ 종결

프랑스는 칼레를 제외한 대부분의 영토를 탈환하였다. 잔다르크에 의한 반영 감정의 고조와 샤를 7세에 의한 프랑스 국왕권의 강화가 전쟁을 승리로 이끌 수 있었던 원인이었다. 보르도가 함락된 1453년 드디어 백년전쟁이 종결되었다.

④ 결과와 의의

영국은 할양받았던 프랑스 대부분의 영토를 반환함으로써 오히려 독자적인 국민국가의 길을 가게 되었으며 프랑스는 오랜 전쟁을 통해 국왕의 권력이 크게 강화되었다.

5. 역사속의 잔다르크

1) 잔다르크의 등장

가난한 농부의 딸로 태어난 잔다르크는 천사장 미카엘로부터 '프랑스를 지키라'는 명을 받고 샤를 7세를 만나러 가지만 시험을 당하게 된다. 그러나 그녀의 용기있는 행동을 본 사람들은 그녀에게 오를레앙을 구출하기 위한 출전에 앞장설 수 있도록 한다.

2) 잔다르크의 활약

오를레앙 전투를 승리로 이끌며 프랑스는 전쟁의 전환기를 맞게 되고 샤를 7세도 무사히 왕권을 탈환하게 된다. 안이한 샤를 7세는 전쟁 준비에 소홀하게 되어 프랑스는 재무장한 영국군의 공격을 받게된다. 퐁피에뉴로 달려간 잔다르크는 적진 깊이 갔다가 부프고뉴군에 의해 영국군에 넘겨진다.

3) 잔다르크의 죽음

잔다르크는 이단으로 몰리게 되어 결국 화형당하게 된다. 당시 재판은 비공개로 이루어졌으며 변호인이 없었다는 점 등에서 문제가 있었지만 결국 1431년 5월 30일에 화형에 처해지게 되었다.

6. 잔다르크에 대한 의문

1) 잔다르크는 처형당하지 않았다?

잔다르크가 처형당한 후 자신을 잔다르크라고 하는 여자가 있었다. 샤를 7세는 이 소문을 듣고 그녀를 불러 확인한 후 그녀가 진짜 잔다르크라고 발표하였다. 그러나 얼마 후 곧 이를 번복하는 상황이 연출되었다. 왕은 영웅을 그대로 사람들의 기억 속에 두어 통치에 안전을 꾀하고자 했다는 추측이 가능하다. 그러나 이후에도 그녀가 아직 살아있다는 의혹이 사람들의 마음속에 남아있었다. 왜냐하면 처형당하는 날 잔다르크는 구출되었다는 추측이 가능했기 때문이다.

2) 잔다르크가 왕족이었다?

잔다르크에 대한 의혹 중 하나는 그녀가 왕족이었을 가능성이다. 그녀가 샤를 7세를 만났을 때의 당당함은 당대 사람들이 믿었듯 신의 부름을 받은 사람이기에 가능했을지도 모르나 후대의 연구자들은 아마도 샤를 7세와 형제인데 잔다르크가 어릴 때 버려진 사람일지도 모른다고 하고 있다.

영화로 비교 학습하기 II

1492 콜럼버스(1492: Conquest of Paradise, 1992) 대 크리스토퍼 콜럼버스(Christopher Columbus:The Discovery, 1992)

1. 영화의 개요

<table>
<tr><th>1492 콜럼버스</th><th>크리스토퍼 콜럼버스</th></tr>
<tr><td>
</td><td>
</td></tr>
<tr><td>감독: 리들리 스콧
주연: 제라르 드빠르디유</td><td>감독: 존 글렌
주연: 말론 브란도</td></tr>
</table>

이탈리아 출신의 콜럼버스는 바다 너머로 사라지는 배의 모습에서 지구는 둥글다는 확신을 가지게 된다. 그는 계속해서 서쪽으로 가면 인도에 도착할 수 있다고 믿었다. 콜럼버스가 살던 15세기말의 유럽은 아시아를 흠모하는 사람들이 많았지만 희망봉을 통해 가야가는 관계로 많은 사람들이 좀 더 가까운 길을 개척하고자 하였다. 하지만 바다 너머에는 지옥이 있으며 괴물이 있다는 등의 미신도 난무했다. 콜럼버스는 당시 에스파냐를 통치하고 있던 이자벨 여왕의 지원으로 3척의 배로 출발하여 2개월의 여정을 통해 산살바도르섬에 도착하게 된다. 콜럼버스는 이곳을 인도의 일부라고 생각하고 개척하기 시작한다.	어린 콜럼버스는 바다와 항해에 남다른 재능과 열정을 가지고 있었다. 성인이 된 콜럼버스는 항해를 위해 포루투칼과 스페인의 왕에게 각각 지원을 요청하지만 결국 스페인이 손을 내민다. 하지만 대부분의 선원들이 신대륙을 발견하기 위한 여정에 회의적이었다. 콜럼버스는 죄수들에게 회유하면서 죄를 벗어나게 해주겠다고 하였다. 산타마리아호외 3척의 배로 출항하지만 경쟁자와 항해를 방해하는 자, 망망한 바다 등은 콜럼버스에게 어려운 상황을 계속 가져다 주었다.
- 성인인 콜럼버스가 식민지를 개척하는 상황에 초점을 맞춤. - 관람객 수에서 월등히 앞섬. - 지구가 둥글다는 믿음을 증명하기 위해 콜럼버스는 오렌지를 이용.	- 어린시절의 콜럼버스 이야기를 다룸. - 항해의 후원을 받는 부분에 많은 초점을 맞춤. - 지구가 둥글다는 믿음을 증명하기 위해 콜럼버스는 사과를 이용.

2. 영화를 위한 지식

1) 콜럼버스는 누구인가?

콜럼버스는 이탈리아 제노바에서 태어났다. 일찍이 항해에 대한 박식한 지식을 지녔다고 전해진다. 그의 장인은 선장이었는데 지도 제작에 종사하여 그도 이에 영향을 받은 것으로 추측된다. 그리고 이 무렵에 서쪽으로 항해하여 인도에 도달할 수 있다는 확신을 갖게 된다. 1484년 포르투갈의 왕에게 이를 제안하였으나 희망봉을 준비하던 왕이 거절하자 이사벨 여왕이 있는 에스파냐로 가서 지원을 요청하였다. 해외진출에 많은 흥미를 가지고 있던 그녀는 '발견된 토지는 콜럼버스를 제독으로 삼는다'라는 계약을 맺고 선박을 내어주었다. 또한 면지를 조건으로 한 선원 모집도 협력하였다.

1492년 첫 항해가 시작되었고 바하마 제도에 2개월 만에 도착하게 된다. 이곳을 인도의 일부라고 착각한 콜럼버스는 식민시 개척을 실시하고 금을 캐어 유럽에 가져간다. 이후 1493년 두 번째 항해에서 금이 얼마 없자 함께 간 사람들은 인디언을 살육하고 노예로 삼아 에스파냐로 팔아 넘겼다. 금에 대한 사기죄로 에스파냐에게 콜럼버스는 문책을 당하게 된다. 1498년 세 번째 항해에서는 식민시의 내부 반란으로 문제가 되어 에스파냐로 송환되었고 1502년의 네 번째 항해에서는 파나마를 발견하고 귀국하였다. 이사벨의 죽음 이후 그도 퇴락했으며 자신이 발견한 신대륙이 인도라고 믿으며 죽음을 맞이하였다.

2) 이베리아 반도의 국가들

유럽의 서남부 끝자락에 위치한 이베리아 반도는 로마 제국의 한 부분으로 성장하던 과정에서 카톨릭 국가로 자리 잡았으나, 711년 이후 이슬람 세력의 지배를 받게 되었다. 그러나 점차 이베리아 반도 북부의 산악지역에서부터 카톨릭 세력이 결집하기 시작해 여러 군소 왕국들이 형성되었다. 이 왕국들은 이슬람 세력에 저항하는 과정에서 성장하여, 1400년대에 이르러서는 서부 해안의 포르투갈을 제외하고는 크게 두 개의 왕국으로 통합된다. 반도의 중부와 북서부를 차지한 카스티야 왕국과 동부와 북동부를 다스리는 아라곤 왕국이 바로 그들이었다.

두 중심 왕국들이 남부 안달루시아 지역의 마지막 남은 이슬람 왕국인 그라나다와 대치하게 되자, 서부 해안의 포르투갈은 내륙으로의 진출이 불가능해졌다. 더구나 1411년 카스티야와 평화협정을 맺게 되자 포르투갈의 귀족들은 실업자 신세가 되었다. 그러자 포르투갈은 당시의 유통 단위였던 금, 향신료, 새로운 영지 등의 획득을 목적으로 해양 왕국으로의 발전을 꾀한다. 그 결과 1400년대 중반 이후 포르투갈은 지도 제작기술, 조선, 항해술 등에서 최고 수준에 이르게 된다. 콜럼버스는 바로 이 당시 포르투갈에서 항해술을 익혔다고 알려져 있다. 그는 포르투갈 왕에게 지구를 거꾸로 돌아서 가는 인도항로의 개척을 제안했으나 거절당하자 카스티야의 이사벨 여왕에게 접근한다.

3) 이사벨 여왕

그러한 콜럼버스의 항해를 가능하게 한 결정적인 사람은 바로 이사벨 여왕이었다.

이사벨 여왕이 이를 재정적으로 지원하기로 한 판단은 우연을 기대하는 마음보다는 성공에 대한 가능성을 치밀하게 조사하고 연구한 결과에서 비롯된 것으로 평가된다. 그녀가 걸어온 길을 보면 얼마나 치밀하고 결단력 있는 승부사인지 알 수 있기 때문이다.

이사벨이 역사적 인물로 등장한 것은 배다른 오빠 엔리케 4세로부터 카스티야 왕국의 왕위 계승을 인정받은 1469년부터이다. 그 무렵 경쟁 왕국인 아라곤 왕국은 심각한 위기에 처해 있었는데, 프랑스의 침공으로 카탈루냐 지역에서 반란이 발생한 것이었다. 아라곤의 왕 후안 2세는 이를 차단하기 위해서 카스티야의 도움이 절실했다. 이사벨은 아라곤 왕의 상속자 페르난도와 결혼을 결정하고 그를 카스티야로 불러들인다. 17세의 페르난도는 카탈루냐 귀족들의 반대를 피하기 위해 상인으로 변장하고 결혼 4일 전에서야 18세의 이사벨을 만난다. 1475년 카스티야 왕위를 계승한 이사벨은 아라곤 왕국과 합병을 이루어냄으로써 이베리아 반도에 스페인(에스파냐)이라는 나라를 성립시키고 페르난도와 함께 '카톨릭 왕'이라는 이름으로 공동 왕위에 오른다. 그러나 잠시 뒤 내전으로 상처를 받게 된 이사벨은 그 돌파구로써 새로운 승부수를 던진다. 1482년 그라나다 정복 캠페인을 벌려 스페인의 국론을 한곳에 모으는 데 성공한다. 바로 스페인이 그라나다 포위 공격을 감행하고 있던 1491년, 콜럼버스는 공격군의 거점 도시인 산타페(Santa Fe)에 있던 이사벨에게 접근한다. 영화에서 이슬람 왕국의 상징이 무너지는 장면은 바로 이 시기를 의미한다.

3. 두 영화의 비교

> "500년 전, 공포와 미신에 휩쓸렸던 스페인은 왕정과 무자비한 종교 재판으로 꿈을 갖는 자들은 박해를 받았다. 이 절대 권력에 강력히 도전한 사람이 있었으니, 그는 운명적인 힘에 이끌리듯 어둠의 바다를 횡단하였다. 명예, 황금, 그리고 더욱 위대한 주님의 영광(and The Greater Glory Of God)을 찾아서"

〈크리스토퍼 콜럼버스〉는 〈대부〉의 마리오 푸조가 쓴 각본을 토대로 한, 또 하나의 콜럼버스 영화이다. 비슷한 시기에 제작되어 등장한 '1492 콜럼버스'(리들리 스콧 감독)과 다른 시각에서 콜럼버스의 주요한 과업을 중심으로 줄거리를 구성함으로써 미국 대륙 발견 오백주년 기념 사업회로부터 공인을 받은 영화가 되었다.

반면 '크리스토퍼 콜럼버스'와 함께 '1492 콜럼버스'는 미국 대륙 발견 500주년 기념으로 제작된 영화였지만 공식적인 승인을 받지 못하였다. 그래서 원제에서는 콜럼버스의 이름을 쓰지 못하게 되었다. (원제는 "The Conquest Of Paradise"이다.) 프랑스 배우 제랄드 드빠르듀가 주인공 콜럼버스를, 시고니 위버가 이사벨라 여왕으로, 아만드 아상테가 산체즈 재상으로 출연한다. 웅장한 음악과 리들리 스콧 감독의 장대한 영상이 빛났지만 어두운 배경과 상대적으로 비판적인 스토리로 인하여 해외에서는 크게 흥행한 작품이 못되었다. 리들리 스콧 감독은 주인공을 권위에 굴하지 않은, 모험심 가득한 탐험가로 묘사하려고 하였다. 이는 〈크리스토퍼 콜럼버스〉와는 다르게 콜럼버스 인간 자체의 모습에 대한 표현이 더 짙게 담겨져 있다. 대항해를 시작하는 그의 열정과 항해와 신대륙 개척의 과정의 어려움에서 나타나는 그의 고뇌 등을 느낄 수 있다.

이 밖에도 두 영화에서는 서로 생략된 사실이 있는가 하면 다르게 표현되어 있는 것들도 있다. 이에 대해 살펴보면 다음과 같다.

1) 포르투갈에서의 실패

콜럼버스는 처음 그의 계획을 포르투갈에 제시하였으나, 이미 희망봉 사업에 몰두하고 있었던 포르투갈은 이를 거절하였다. 그래서 그는 어린 아들 디에고를 데리고 비밀리에 포르투갈을 떠났다.

➜ 〈크리스토퍼 콜럼버스〉에서는 이러한 내용이 영화 앞쪽에 나오지만 〈1492 콜럼버스〉에서는 에스파냐에서부터 이야기만 그려지고 있다.

2) 에스파냐의 왕은 두 명?

이베리아 반도에는 '아라곤, 카스티야, 포르투갈'의 그리스도교 3왕국이 있었는데 그 중 아라곤왕국의 페르난도와 카스티야왕국의 이사벨라가 결혼을 하고, 두 사람이 잇달아 왕위에 오름으로써 통합된 에스파냐 왕국이 탄생하게 되었다.

➜ 〈크리스토퍼 콜럼버스〉에서는 두 명의 왕이 다 등장하지만 〈1492 콜럼버스〉에

서는 이사벨 여왕만 등장한다. 이는 두 사람의 비중이 반영된 결과일 것이다. 왜냐하면 이 결혼은 불평등 결혼이었기 때문이다. 결혼 전 문서로써 약속한 합의에 따라 처갓집 왕국이라 할 수 있는 카스티야에 살게 된 페르난도는 왕국의 2인자로서의 역할을 하여, 국내 정치를 담당한 이사벨과는 달리 국제 정치에 치중했었기 때문이다.

3) 콜럼버스의 달걀

콜럼버스는 자신의 탐험을 비웃는 사람들에게 달걀을 주면서 세워보라고 하였다. 물론 사람들은 달걀을 세우지 못했다. 그러나 콜럼버스는 달걀을 집어 들고 그 밑을 깬 다음 이를 세웠다. 이는 선입관의 파괴를 말할 때 사용된다. 달걀을 깨서는 안 된다고 아무도 말하지 않은 선입관을 깨고 콜럼버스는 달걀을 세웠다. 또한 이말은 발상의 전환이라고 해도 아무런 문제가 없을 것 같다. 일이라는 것이 해놓고 보면 별것 아닌 듯 싶지만 언제나 최초의 발상 전환은 쉽지 않은 것이다.

➜ 〈크리스토퍼 콜럼버스〉에서는 이 장면이 나오지만 〈1492 콜럼버스〉에서는 나오지 않는다.

4) 항해 과정

그의 항해에 대한 기록에 보면 다음과 같은 두 사건이 있었다. 항해 중 선원 두 명이 고의적으로 중대한 사고를 일으키는데 이는 선원들이 처음부터 몹시 내키지 않는 항해를 시작했다는 것을 표현하고 있는 것이다. 또 하나는 구름을 보고 육지를 본 것으로 착각하는 장면이 있다. 이것들을 그의 항해 기록에 남아있는 사건들이다.

➜ 〈크리스토퍼 콜럼버스〉에서는 이 장면이 항해 과정의 어려움을 나타내면서 함께 표현되었지만 〈1492 콜럼버스〉에서는 항해의 어려운 모습은 나오지만 이러한 사건들은 그리지 않았다.

5) 산 살바도르의 모습

➜ 〈1492 콜럼버스〉의 원제는 "The Conquest Of Paradise"이다. 그래서인지 그들

이 발견한 신대륙은 파라다이스라고 할 만큼 아름답게 느껴진다. 하지만 〈크리스토퍼 콜럼버스〉에서 그려지만 신대륙의 모습은 〈1492 콜럼버스〉에서의 모습보다는 못하다. "신세계 탐험"이라는 이상을 가진 콜럼버스에게는 신대륙이 파라다이스였지만 "신세계 정복"이라는 야망을 가진 콜럼버스에게 그저 자신의 야망을 실현시켜줄 도구일 뿐이었던 신대륙의 모습의 차이가 이와 같이 표현되지 않았나 생각된다.

6) 2차 이후와 그의 실패

➜ 두 영화의 가장 큰 차이는 〈1492 콜럼버스〉에서는 2차 이후 그의 실패의 모습이 드러나 있다는 것이고, 〈크리스토퍼 콜럼버스〉에서는 1,2차 때의 모습만 보여준 채 그의 신대륙 개척이 성공적으로 끝난 것처럼 영화가 끝난다는 것이다.

그는 스페인에서 영웅대접을 받으며 다시 항해를 떠나지만 그의 새 도시 건설 과정은 반란과 학살과 태풍으로 인한 파괴 등으로 실패하고 만다. 이러한 와중에 본토 땅을 아메리고 베스푸치라는 사람이 발견했다는 소식을 듣게 된다. 그는 결국 신대륙 총독 자리에서 쫓겨나게 되고 재산도 몰수당하고 만다. (후에 아메리카라는 이름도 본토 땅을 발견한 아메리고 베스푸치의 이름을 따서 아메리카로 불려지게 된 것이다.)

4. 대항해의 배경

1) 대 항해를 시작하게 된 동기와 배경

① 오스만 투르크족이 레반트 방면으로 진출하고, 특히 콘스탄티노플을 점령함으로써 동방 무역로가 폐쇄되고, 이탈리아와 이슬람 상인들의 독점으로 동방의 산물에 대하여 중세가 부과되었다.

② "그리스도인과 향로"를 찾기 위해서이다. 당시 유럽인들은 '프레스터 존'이라는 전설을 믿고 있었는데 이는 동방 어디인지 또 아프리카 내부 어느 곳에 기독교인이 세운 강력한 왕국이 있다는 것이었다. 그러므로 유럽의 기독교도들이 '프레

스터 존'의 왕국과 연결하면 이슬람 세력을 양쪽에서 협공할 수 있고, 따라서 이단 세력을 분쇄할 수 있을 것이라는 신념을 갖고 있었다는 것이다. 당시 유럽인들에게 있어 향신료인 후추는 매우 중요한 것이었다. 당시 유럽인들은 육식생활을 하였는데 당시는 냉장시설이 없었기 때문에 12월이 되면 한꺼번에 잡아 소금에 고기를 절여 저장해 두었다. 그러나 시간이 지나면 고기에서 악취가 났기 때문에 이를 제거하기 위해 후추가 필수적이었다. 그러나 후추는 인도나 말레이시아 등 동남아시아에서만 생산되는 것이어서 그 가격이 매우 비쌌다. 그래서 항로를 개척해 직접 후추를 찾으러 온 것이었다.

③ 당시 유럽에는 마르코 폴로의 『동방견문록』으로 인해 동방에 대해 관심과 호기심을 가지고 있었다. 동방의 지팡고(지금의 일본)라는 나라는 황금의 나라로 지붕까지도 황금으로 되어있다고 생각했다.

④ 새로운 항로의 발견에 필요한 항해술의 발달을 비롯한 구체적이고 실천적인 여건이 갖추어지게 되었다. 지리학과 천문학에 대한 지식의 확대, 조선과 항해기술의 발달 등이다.

⑤ 마지막으로 지리상의 발견을 가능하게 한 조건으로서 집권적인 통일국가의 형성을 들 수 있다. 새로운 항로의 탐색과 발견에 필요한 막대한 비용과 그것이 실패하였을 경우의 희생을 감수할 능력은 역시 통일국가를 이룩한 왕권에 구할 수 밖에 없었다. 포르투갈 및 에스파냐는 이슬람에 대항할 기독교의 전파, 소외된 지중해 무역에서 새로운 판로 개척 등에 대한 갈망이 있었다.

2) 지리상의 발견

① 포르투갈의 항해왕자 엔리케가 대항해 시대의 막을 열었다. 그는 15세기 초부터 주변에 유능한 선원, 조선과 항해장비의 제조기술자, 천문학자, 수로학자등을 통해 아프리카를 통한 새로운 인도 항로를 개척하기 시작했다. 엔리케에 이어 1480년대 조안 2세의 적극적 후원에 힘입어 1487년에 바르톨로뮤 디아스가 아프리카 대륙의 남단(희망봉)에 도달하는 데 성공하였다.

② 1497년 바스코 다 가마가 인도의 캘리컷에 도달하였다. 이 때 후추와 계피 등

향로를 입수하여 다시 리스본으로 돌아왔다.

③ 1492년 에스파냐의 이사벨 여왕에 후원에 힘입어 콜럼버스가 신대륙을 발견하였다.

④ 1502년 아메리고 베스푸치가 신대륙의 본토를 발견하여 '아메리카'라고 명명하였다.

⑤ 1519년 마젤란이 5척의 배로 세계일주항해에 성공하였다.

3) 지리상의 발견의 결과

지리상의 발견의 결과는 매우 컸다. 지리상의 발견은 장기적으로 본다면 유럽과 세계의 다른 지역의 모습을 바꾸어 놓을 정도로 컸다.

① 유럽의 물질생활은 풍요해지고 유럽의 경제는 비약적으로 발전하였다. 지리상의 발견으로 동방물산이 대량으로 값싸게 들어오게 되었는데 대표적인 상품은 후추, 차 등이다.

② 새로운 상품이나 산물은 역시 아프리카와 신대륙에서 많이 도래하였다. 아프리카에서는 금과 상아가 중요시되었으나 점차 '흑상아'로 불리는 흑인노예가 가장 값진 상품이 되었다. 신대륙에서의 흑인노예 공급권은 에스파냐왕실의 막대한 이권이었다. 이외에 신대륙에서 사탕, 옥수수, 감자, 코코아, 담배 등이 들어오게 되어 유럽경제에 큰 영향을 미쳤다.

③ 엄청난 양의 금과 은의 유입은 마침내 유럽 경제에도 막대한 영향을 끼쳤다. 16세기 초부터 17세기 초까지 약 100년간 물가가 2배~3배까지 오르는 이른바 가격혁명이 일어난 것이다. 이는 상인과 생산업자등에게는 유리하였지만 지대수입으로 생활하는 지주와 임금노동자들에게 타격을 주었다.

④ 유럽 경제의 중심이 지중해에서 대서양 연안으로 옮겨지게 되었다.

⑤ 세계적인 규모의 자본주의체제가 본격적으로 발전하게 되고 시민계급이 성장하게 되었다. 상업상의 큰 변혁과 이를 바탕으로 한 새로운 유럽 경제의 비약적인 발전을 가리켜 '상업혁명'이라 한다.

⑥ 세계사의 거대한 전환점이다. 종전까지 비교적 서로 고립하여 독자적인 문화와

역사발전의 길을 걸어오던 국가와 지역이 이제 직접적인 접촉을 통하여 밀접한 역사적 연관성을 갖게 되고, 그것은 날이 갈수록 더욱 확대되어 오늘날 우리가 보는 바와 같은 세계사가 성립하는 계기가 되었다. 이제 유럽은 세계사에서 주도적인 역할을 담당하게 되고, 신대륙에서는 토착문명이 완전히 파괴되고, 유럽 문화가 고스란히 이식되게 되었다.

4) 콜럼버스, 알고보니 잔혹한 통치자

콜럼버스가 식민지를 개척하는 과정에서 학대와 살육을 일삼았다는 자료들이 최근 스페인에서 공개되었다(AFP통신). 스페인 국립문서보관소에서 발견된 자료에는 1492년 콜럼버스가 식민지를 개척한 후, 특히 현 도미니카 공화국 지역을 얼마나 잔인하게 통치했는지를 보여주는 증언들이 있었다.

이 자료들에는 여성의 혀를 자른 뒤 발가벗기고 당나귀에 태운 상태로 길거리를 다니게 하였다. 재판도 없이 형벌을 내렸고 물자도 공급하지 않았다. 산티아고 섬에서는 콜럼버스 상륙 후 2천만 명의 토착인들이 살해 또는 질병으로 죽었다.

5) 콜럼버스의 날(Columbus Day)

미국과 중남미 국가들은 매년 10월 둘째 주 월요일을 콜럼버스가 신대륙들 발견한 것을 축하하기 위해 콜럼버스의 날로 지정해 축하를 해오고 있다. 그러나 소수의 아메리카 인디언들은 이날을 '원주민 저항의 날'이어야 한다고 주장하고 있다.

토론해 봅시다.

1. 콜럼버스가 항해를 하게 된 이유는 무엇인가?

2. 콜럼버스는 위대한 역사의 영웅인가, 아니면 실패자인가?

3. 스페인-포르투갈-네델란드-프랑스-영국 등으로 이어지는 유럽 세력의 서세동점(西勢東漸)은 발전인가? 침략인가?

4. 두 영화에서 콜럼버스라는 인물 자체가 어떻게 다르게 묘사되고 있는가?(인물성격이나 행동의 차이가 다르게 표현된 장면이 있다면 어디인가?)

5. 영화를 보면서 가장 인상 깊은 장면은 무엇이었나요? 그리고 그 이유를 쓰시오.

영화로 비교 학습하기 III

이오지마에서 온 편지(2006) 대 아버지의 깃발(2006)

같은 역사 사실을 다룬 다른 영화 비교하기

이오지마에서 온 편지	아버지의 깃발
감독: 클린트 이스트우드 주연: 와타나베 켄	감독: 클린트 이스트우드 주연: 라이언 필립
쿠리바야시는 이오지마에 부임하게 되고 섬을 순회하던 중에 호되게 맞고 있는 병사들을 구해주게 된다. 그 병사 중에는 사이고도 포함되어 있었다. 쿠리바야시는 앞으로 맞을 처	제2차 세계대전, 이오지마에 도착한 미군은 성조기를 꽂는 장면을 연출하게 된다. 이 사진은 미국 내의 국민들에게 전쟁을 끝내는 희망을 선사하였고 전쟁에서 자식들이 살아

참한 전투를 대비하기 위해 섬 안쪽으로 동굴을 파라고 명하고 부대원들은 이에 불만을 품게 된다. 결국 동굴을 파는 중에 시미즈라는 병사가 합류하고 부대원들은 그를 스파이라고 판단한다. 전세가 밀리자 아다치는 부대원들과 자살을 하겠다고 하지만 이를 허락하지 않은 쿠리바야시. 그러나 아다치는 이 명령을 듣지 않고 부대원들과 자살한다. 이에 시미즈와 사이고는 쿠리바야시가 있는 동굴까지 도망쳐 온다. 남은 병사들은 미군이 압박해 오자 결국 죽음을 맞이하고 사이고만 홀로 남게 된다. 그는 미군에게 발견되어 마지막까지 살아남은 자가 된다.	돌아오게 하는 갈망의 상징이 되었다. 미국 정부는 이러한 국민 감정을 이용하여 사진 속의 위생병 존 닥 브래들리와 인디언 출신 인 아이라 헤이즈, 통신병이었던 레니 개그논을 통한 기금 마련에 힘쓴다. 그러나 이들 세 명은 이오지마에 남아 있는 전우들을 생각하지 않을 수 없다.
- 일본군의 시각에서 이오지마 전투를 묘사 - 국내에서 상영 금지됨 - 일본군 개인의 전쟁에 대한 피해와 전쟁 정당화	- 미국의 시각에서 전쟁의 가식적인 면과 평화의 중요성을 깨우치게 하는 교훈이 있음.

토론해 봅시다.

1. 같은 시대를 다룬 다른 영화

2. 같은 인물을 다룬 다른 영화

3. '이오지마에서 온 편지'와 '아버지의 깃발'의 줄거리를 비교해 보자.

16세기 영국 역사를 영화 3편으로 이해하기

헨리 8세(1973)	천일의 앤(1969)	엘리자베스: 골든 에이지

1491-1547(헨리8세)	1507-1536(앤 볼린)	1558-1603(엘리자베스1세)
영화는 헨리 8세가 죽음을 앞두고 신부에게 자신의 인생을 회고하는 장면에서 시작된다. 그는 튜더 왕조의 왕이었고 절대 왕정을 확립하였던 왕이었다. 그의 열정적인 삶은 여섯 명의 부인들로도 알 수 있다. 그의 첫 번째 부인은 형의 부인으로서 스페인의 공주였던 캐서린이었다. 스페인	영화는 헨리 8세가 재상 크롬웰이 가지고 온 문서에 서명을 하려고 데서 전개된다. 그 서명은 왕비인 앤 볼린을 처형하기 위한 것이다. 영화는 서명을 하기 전에 헨리 8세가 앤 볼린과의 결혼 생활을 회상하는데서 시작된다. 앤의 지속적인 냉담한 반응에 헨리 8세는 자신의 왕비인 캐	16세기 말 종교간 대립이 치달아 국가 간, 대륙 간의 전쟁이 한창일 때 엘리자베스 1세는 영국의 신교도들을 대표하는 왕이었다. 스페인은 구교도가 주도권을 잡고 메리 스튜어트를 통해 영국 점령을 꾀하고 엘리자베스를 암살하기 위한 계획을 주도한다. 엘리자베스와 결혼하고 싶어하

과의 관계를 위해 정략 결혼한 헨리 8세는 부인 캐서린이 아들을 낳지 못하자 귀족 출신의 앤 볼린을 두 번째 왕비로 삼고자 한다. 그러나 종교적 문제가 발생하자 교황청과 관련을 끊고 영국 국교회를 선포하게 된다. 앤 볼린 역시 아들을 얻지 못하자 부인의 스캔들을 조작하여 앤 볼린을 죽인 뒤 세 번째 부인으로 제인 시모어와 결혼한다. 그녀는 출산 과정에서 아들을 낳고 죽게 된다. 그 후 정치외교적인 상황 속에서 네 번째 부인을 맞게 되나 초상화와 다른 모습에 충격을 받는다. 그 후에도 어린 다섯 번째 부인을 맞지만 외도로 인해 처형당하고 마지막 캐서린 파 왕비와 결혼함으로써 안정을 찾게 되었다.	서린의 시종으로 앤을 왕궁으로 부르고 앤은 점차 권력의 맛을 배운다. 앤은 애타는 사랑을 원하는 왕에게 결혼의 조건으로 자신이 정식 왕비가 되어야 하며 자신이 낳는 아들에게 왕위 계승을 약속해야 한다고 한다. 그러나 캐서린 왕비의 고향인 스페인과 사이가 좋은 교황청의 승인을 받지 못한 헨리 8세는 자신을 수장으로 한 영국 국교회를 세우게 된다. 하지만 앤이 아들을 낳지 못하자 크롬웰을 통해 외도를 조장하고 이늘의 음모로 런던탑에 갇히게 된 앤은 딸인 엘리자베스의 왕위 계승권을 요구한다. 이미 다른 여자에게 마음을 빼앗긴 헨리 8세는 앤을 간통죄로 처형하게 된다.	는 구혼자들이 줄을 서는 동안 여왕은 자유로운 탐험가인 월터 라일리에게 마음을 빼앗긴다. 메리 스튜어트의 암살 음모를 발견한 엘리자베스는 스페인과의 전쟁을 시작하게 된다. 여자로서의 그녀를 극복하고 여왕이라는 자리를 지켜내야 하는 그녀는 전쟁이라는 짐을 지게 된다.

토론해 봅시다.

1. 영화를 연속해서 볼 때 긴 시대성을 알 수 있게 해 주는 영화들

2. 영화 속 간극을 메꾸는 내용들이 서로 다르게 영화에서 서술되는 경우

영화의 시대별, 분야별 분류

1. 한국사

시대	역사배경	영화명	제작연도
고대	삼국시대	평양성	2011
	한국 고대	천년호	2003
	삼국시대	황산벌	2003
	발해 말기	무영검	2005
고려	원나라 말	비천무	2000
	고려 말기	무사	2000
	고려 말기	쌍화점	2008
조선	조선 세종	신기전	2008
	조선 정조	영원한 제국	1994
	조선 정조	귀천도	1996
	조선 숙종	춘향뎐	1999 (임권택)
	조선 말기	취화선	2002
	조선 시대	스캔들	2003
	조선 인조	청풍명월	2003
	조선 말기	혈의 누	2004
	조선 연산군	왕의 남자	2005
	조선 시대	음란서생	2006
	조선 중종	황진이	2007
	조선 숙종	궁녀	2007
	조선 시대	최종병기 활	2012
	조선 시대	미인도	2008
	조선 시대	조선명탐정: 각시 투구꽃의 비밀	2011
구한말	1901년	이재수의 난	1998
	대한제국	가비	2012

시대	역사배경	영화명	제작연도
일제강점기	1940년대	원스어폰어타임	2008
	1930년대	라디오 데이즈	2008
	1940-60년대	바람이 파이터	2004
	일제시대	YMCA 야구단	2002
	1930년대	기담	2007
	1930년대	모던보이	2008
	1930년대	좋은놈 나쁜놈 이상한 놈	2008
	일제시대	아나키스트	2000
	일제시대	도마 안중근	2004
	일제시대	청연	2005
한국전쟁	한국전쟁	아름다운 시절	1998
	한국전쟁	흑수선	2001
	한국전쟁	태극기 휘날리며	2003
	한국전쟁	웰컴투 동막골	2005
베트남전	베트남전쟁	알포인트	2004
현대	1979년	아름다운 청년 전태일	1995
	1976-96	친구	2001
	1980년대	이중간첩	2003
	1986년	살인의 추억	2003
	1978년	말죽거리 잔혹사	2004
	1968-71년	실미도	
	1950-60년대	역도산	2004
	1950-70년대	하류인생	2004
	1960-70년대	효자동 이발사	2004
	1986	극락도 살인사건	2007
	1960-70	천년학	2007
	1979년	그때 그사람들	2005
	1988년	홀리데이	2005
	1991년	그놈 목소리	2007
광주민주화운동	광주민주화	화려한 휴가	2007
	광주민주화	박하사탕	1999
	광주민주화	꽃잎	1996
	광주민주화	오래된 정원	2006
포스트 모던	포스트 모던	2009 로스트메모리즈	2002
	포스트 모던	천군	2005
	포스트 모던	한반도	2006
분단한국	분단한국	공동경비구역 JSA	2000
	분단한국	쉬리	1998
	분단한국	간첩 리철진	1999
	분단한국	태풍	2005
	분단한국	국경의 남쪽	2006

2. 서양사

시대	역사배경	영화명	제작연도
선사시대	선사시대	10,000 BC	2008
	선사시대	불을 찾아서	1981
BC 5세기	페르시아전쟁	300	2006
1세기	1세기	패션 오브 크라이스트	2004
2세기 후반	2세기 후반	글래디에이터	2000
고대 그리스	고대 그리스	헬렌 오브 트로이	2003
	고대 그리스	트로이	2004
	헬레니즘 시대	알렉산더	2004
고대 로마	보편 로마와 유일 유대	벤허	1959
	로마제국 초	쿼바디스 도미네	2004
	로마공화정말	클레오파트라	1999
	로마 시대	폼페이 최후의 날	1984
고대에서 중세이행기	고대에서 중세이행기	로마제국의 멸망	1964
	고대에서 중세이행기	검투사 아틸라	2001
5세기	5세기 후반	킹아더	2004
1280년대	영국왕 에드워드 1세와 스코틀랜드 독립	브레이브 하트	1995
중세	중세 일반	카멜롯의 전설	1995
	15세기 초(중세말)	잔다르크(뤽베송)	1999
	중세 말	1492 콜럼버스	1992
	중세 말	마르탱 게르(마틴기어)의 귀향	1982
	중세 초	아스테릭스	1999
	14세기 유럽	기사 윌리엄	2001
	중세 초	아스테릭스2	2002
	서양 중세	트리스탄과 이졸데	2007
	서양 중세	장미의 이름	1986
	서양 중세	아이반호	1997
	서양 중세	노틀담의 곱추	1996
	1184-87	킹덤 오브 헤븐	2005
	서양 중세	베오울프	2007
중세 이슬람과 서양사회의 만남	1080년대 스페인	엘시드	1961
종교개혁	종교개혁과 종교전쟁	여왕 마고	1994
신마야문명	15-16세기	아포칼립토	2007

시대	역사배경	영화명	제작연도
16세기 영국	16세기	헨리8세	1973
	16세기	천일의 스캔들	2008
	16세기	천일의 앤	1969
	16세기	엘리자베스: 골든에이지	2007
16세기 말 17세기 영국	16세기 후반	세익스피어 인 러브	1998
	17세기 영국	리버틴	2004
17세기 말	17세기 말	주홍글씨	1995
18세기 영국	18세기 영국	공작부인:세기의 스캔들	2006
18세기 오스트리아	18세기 비엔나	카핑 베토벤	2006
	18세기 비엔나	아마데우스	1984
나폴레옹 시대	나폴레옹 시대	마스터 앤드 커맨더: 위대한 정복자	2003
18세기 프랑스	18세기 프랑스	향수	2006
	프랑스 대혁명	마리앙투아네트	2006
	프랑스 대혁명	당통	1982
17세기 초 18세기 중반 미국	17세기 초 18세기 중반	라스트 모히칸	1992
	17세기 초 18세기 중반 마녀사냥	크루서블	1996
남북전쟁	남북전쟁 전초전	라이드 위드 데블	1999
	남북전쟁 최초의 해전	철갑선 매르맥크호	1991
	남북전쟁	게티스버그	1993
미국 1910년대	미국 산업화(1910년대)	모던타임즈	1936
19세기 초 미국	19세기 초 미국	아미스타드	1997
	1840년대 뉴욕	갱스 오브 뉴욕	2002
19세기 독일	19세기 통일독일	굿바이 레닌	2003
19세기 러시아와 1차 세계대전	러시아 혁명기	제독의 연인	2009
	러시아	닥터 지바고	1965
1차 세계대전	1차 세계대전 영국	킹스 스피치	2012
	1차 대전	라파예트	2007
아일랜드 내전	1920년대 아일랜드 내전	보리밭을 흔드는 바람	2006
스페인 내전	1930년대 스페인내전	랜드 앤 프리덤	1995
2차 세계대전	2차 대전	인생은 아름다워	1997
	2차 대전	새벽의 7인	1975
	2차 대전	꿈속의 여인	1998
	2차 대전	씬 레드라인	1998
	2차 대전	피아니스트	2002
	2차 대전	영광의 날들	2006
	2차 대전	진주만	2001

시대	역사배경	영화명	제작연도
현대	1970년대	닉슨	1996
	베트남 전쟁	메탈 자켓	1987
	1970년대	JFK	1991
	지퍼게이트	왝더독	1997
	아프간 전쟁	제9중대	2005
	아프간 전쟁	찰리윌슨의 전쟁	2008
	걸프전	커리지 언더 파이어	1996
	동성애자 인권운동	두 여자의 사랑	1995
	동성애자 인권운동	필라델피아	1993
	흑인 인권운동	말콤X	1992
	흑인 인권운동	마틴루터 킹-희망의 날	1997

3. 중국사

시대	역사배경	영화명	제작연도
고대	진시황	진송	1996
	춘추전국시대	영웅	2002
	당나라 말	연인	2004
	춘추전국시대	묵공	2006
	진시황	야연	2006
	당나라 말	황후화	2006
	위촉오 삼국	적벽대전 1	2008
	위촉오 삼국	적벽대전 2	2013
	춘추전국시대	연의 황후	2008
	위촉오 삼국	삼국지:용의 부활	2008
	춘추전국시대	공자-춘추전국시대	2009
	한나라 유교국교화	서초패왕	1994
몽고제국	몽고제국	징키스칸	2009
청말	19세기 말	황비홍	1991
	1840년	아편전쟁	1997
	19세기 말	와호장룡	2000
	19세기 중엽	명장	2007
	19세기 말	북경의 55일	1963
	봉건종법제도 속박하의 중국여성	국두	1990
	19세기 말	마지막 황제	1987

시대	역사배경	영화명	제작연도
국공 내전기	현대 (신해혁명 및 국공합작)	송가황조	1997
	중국 처첩제도 (1920년대)	홍등	1991
	국공내전기	비정성시	1989
	1948 내전기	집결호	2007
일본대륙침략기	일본대륙침략기	상해탄	1996
	1940년	색, 계	2007
	항일전쟁 시기 여성운동	남경1937	1995
	항일운동기	붉은 수수밭	1989
2차 세계대전 직후	1946년	동경심판	2006
문화대혁명	문화대혁명	푸른색 연	1994
	문화대혁명	패왕별희	1993
	문화대혁명	매란방	2009
	대약진운동과 문화대혁명	인생	1995
현대	현대	책상서랍 속의 동화	1999
	현대	북경자전거	2001
	현대(티벳과 달라이라마)	티벳에서의 7년	1997

4. 기타사

나라	역사배경	영화명	제작연도
오스만제국	오스만 제국	사막의 라이언	1981
	오스만 제국	아라비아의 로렌스	1998
일본	전국혼란기	카게무샤	1980
	일본 메이지유신	나라야마 부시코	1999
	일본 메이지유신	바람의 검 신선조	2003
	일본메이지유신	라스트 사무라이	2003
캄보디아	캄보디아	킬링필드	1985
베트남 전쟁 관련 영화	알 포인트, 플래툰, 지옥의 묵시록, 위 워 솔저스, 굿모닝 베트남, 전쟁의 사상자들, 하얀 전쟁, 햄버거 힐, 그린 드래곤, 푸른 옷소매		

토론해 봅시다.

1. 한국사, 서양사, 동양사, 기타 국가의 역사 영화를 찾아 시대별로 분류해 봅시다.

Ⅵ 역사학습 지도의 실제

1. 학습지도안이란

Ⅰ. 교재 및 단원명

1. 교재

· 교과서 : 고등학교 한국사

· 저자 및 출판사 : 한철호 외 5인, ㈜미래엔

2. 단원명

· 대단원 : 7. 전체주의의 대두와 민족 운동의 발전

· 중단원 : 7-2. '황국 신민화' 구호 아래 민족의 희생을 강요당하다.

Ⅱ. 단원설정의 이유

1. 학생 심리상

이 단원은 전체주의 국가의 등장과 제2차 세계대전이라는 세계의 큰 소용돌이 속에서 일본과 조선이 어떤 상황에 처해있었는지 자세하게 보여주는 단원이다. 이 단원을 통해 학생들은 혼란스러운 제2차 세계대전 속에서 자신의 입지를 확고히 하고자 했던

일본이 주장했던 내선일체에 의해서 조선이 얼마나 많은 피해를 입었는지 구체적이고 자세하게 알 수 있다. 뿐만 아니라 조선과 만주 등 세계 여러 곳곳에서 시행되고 있었던 각종 민족 문화 수호 운동의 전개와 무장 독립 전쟁에 대해서도 배울 수 있다. 학생들은 이 단원을 공부함으로써 당시 시대상을 이해할 수 있고, 당시 일본의 비인간적인 행위들을 타당한 근거를 가지고 올바른 비판을 할 수 있다. 나아가 학생들은 우리 선조들이 그 식민지화 과정에 어떻게 대응했는지 배움으로써 한 민족으로서의 자부심을 느낄 수 있게 된다.

2. 학습 교재상

조선이 서서히 근대화를 향해 나가기 시작할 무렵부터 끊임없이 직, 간접적인 영향을 끼쳐온 일본은 결국 조선을 식민지화하기까지에 이른다. 이 단원은 일본이 조선을 침략한 이후 약 20년이 흐른 1930년대의 세계사적 흐름을 보여줌과 동시에 조선에서 시행된 일본의 정책들을 자세히 보여주고 있다. 덧붙여 학생들은 조선에서 일어난 사회운동이 어떻게 변화해 가는지를 이 단원을 통해 배울 수 있으며 일제의 끊임없는 침략과 괴롭힘에 우리 민족이 어떻게 민족 문화를 수호했는지, 어떻게 무장 독립 전쟁을 유지시켜 나갔는지 역시 배울 수 있다.

3. 사회적 요구상

요즘 학교에서는 역사교육의 가치와 중요성이 크게 중요시되고 있지 않다. 물론 일본의 독도 도발 문제나 중국의 동북공정 문제가 사회의 수면위로 떠오를 때면 사회의 역사교육에 대한 관심이 높아지기는 하지만 그 관심은 오래 지속되지 못하고 곧 사라진다. 이런 사회 환경에 영향을 받아 학생들도 역시 역사에 큰 관심을 가지지 않는다. 학생들 대부분이 우리나라가 일본의 식민지였던 것은 알지만 어떤 원인에 의해서, 어떤 과정을 거쳐 어떻게 침탈이 이뤄졌는지 제대로 알지 못한다. 이 단원을 통해 학생들은 조선의 식민지화 과정에 대해서 구체적이고 객관적으로 배울 수 있게 된다.

Ⅲ. 단원의 개관

본 단원은 전체주의의 대두와 민족 운동의 발전이라는 큰 제목 아래에서 세계사적인 부분과 우리의 역사를 함께 제시하고 있다. 먼저 본 단원에서는 1929년에 일어난 대공황부터 제2차 세계대전이 전개되는 1930년대 전반의 상황을 구체적으로 설명한다. 이러한 세계사적인 상황설명을 통해 당시 일본이 얼마나 어려운 상황에 처해있었는지 제시되어 있다.

주제 2에서는 전쟁에 패할 위기에 놓인 일본이 '내선일체'를 주장하며 시행했던 여러 가지 정책들에 대해서 자세히 나와 있다. 황국신민의 서사 암기, 우리말 사용 금지, 창씨개명 강요, 식민지 공업화 추진 등 우리 민족이 겪었던 고통과 어려움에 대해서 공부할 수 있다. 나아가 사회 운동이 어떻게 변화되었으며 일제 식민사관에 대응하여 민족주의 사학과 실증사학이 나타나고 그 밖에 다양하게 전개된 문학과 예술 활동에 대해서도 언급되어 있다. 또한 민족 문화 수호 운동 못지않게 끊임없이 전개되었던 무장 독립 전쟁에 대해서도 언급되어 있어서 학생들은 일제 점령 하에서 우리 선조들이 어떻게 생활했으며 어떻게 나라를 지키기 위해 노력했는지 배울 수 있다.

Ⅳ. 단원의 학습 목표

1. 지식 · 이해

① 당시 혼란스러웠던 세계정세에 대해서 알 수 있다.

② 일제의 민족 말살 정책이 등장한 배경과 그 내용을 파악한다.

③ 1930년대 이후 일제의 수탈 정책을 파악한다.

④ 극화학습을 통하여 1930년대 이후 국내외 우리 민족의 삶을 간접적으로 경험하고 또 이해한다.

2. 기능

① 제2차 세계대전의 원인과 전개과정에 대해서 직접 말로 설명할 수 있다.

② 극화학습을 통해서 당시 조선인들이 겪었던 고통에 감정이입 함으로써 그 시대 사람들에게 위로하는 편지를 써 볼 수 있다.

③ 직접 연극에 참여하여 실제로 그 당시 상황을 겪어 봄으로써 당시 시대 상황을 좀 더 자세하게 묘사할 수 있다.

④ 일제 식민사관에 대해서 자세히 알고 그것을 구체적이고 논리적인 근거를 들어 정당하게 비판할 수 있다.

3. 가치 · 태도

① 극화학습을 통해 간접적으로 느낀 1930년대 민중들의 고난과 고통을 잊지 않고 현재 세계에서 일어나고 있는 여러 전쟁들에 대해 반대하는 태도를 갖는다.

② 사회에 퍼져있는 일제 식민사관에 휩쓸리지 않는 올바른 가치관을 가진다.

③ 우리의 선조가 조선을 지키기 위해서 한 민족 문화 수호 운동과 무장 독립 투쟁 운동에 대해서 앎으로써 우리 선조에 대한 자부심과 감사함을 갖는다.

Ⅴ. 단원의 구조

(※ 수업에 언급되는 내용을 **굵은 글씨**와 밑줄로 표시)

대 단 원	중 단 원	소 단 원
7. 전체주의의 대두와 민족 운동의 발전	1장. 전체주의 국가의 등장과 제2차 세계대전	주제1. 대공황이 세계 경제를 강타하다.
		주제2. 전체주의 국가들이 제2차 세계대전을 일으키다.
	2장. '황국 신민화' 구호 아래 민족의 희생을 강요당하다	**주제1. 한국인을 침략전쟁에 동원하기 위한 '민족 말살 통치'**
		주제2. 숟가락까지 빼앗기고 전쟁터로 내몰리다.
		주제3. 친일파, 그들은 누구인가?
	3장. 사회 운동의 변화와 민족 문화 수호 운동의 전개	주제1. 농촌 계몽인가, 혁명적 농민·노동 운동인가?
		주제2. 말, 글, 역사가 살아야 독립을 이룰 수 있다.
		주제3. 종교 활동을 통해 민족 운동에 나서다.
		주제4. 다양하게 전개된 문학과 예술 활동
		주제5. 대중문화, 도시의 삶을 변화시키다.
	4장. 줄기차게 전개된 무장 독립 전쟁	주제1. 한·중 연합전선을 형성한 만주 지역 무장 독립전쟁
		주제2. 한인 애국단, 항일 투쟁의 불을 지피다.
		주제3. 하나로 뭉쳐 광복의 길로!
		주제4. 광복의 분위기가 무르익어 가다.
		주제5. 한국인의 독립 노력을 인정한 국제사회의 움직임
		주제6. 독립 운동가들이 꿈꾸었던 나라는?

Ⅵ. 지도상의 유의점

1. 준비

① 본시학습과의 연계를 위해서 전시학습을 상기시킨다.

② 학생들에게 극화학습을 하는 이유와 그 주제에 대해서 먼저 설명해 준다.

③ 극화학습이 원활하게 이루어지게 하기 위해서 사전에 연극을 할 사람들을 준비시킨다.

④ 교과서 외의 정리 자료와 보충자료 등을 충분히 검토한다.

2. 내용

① 극화학습을 진행하기 전에 극화학습의 내용의 이해를 쉽게 하기 위해서 그 내용에 대해서 설명한다.

② 수업 내용과 연극 간의 연계성을 확실하게 설명해서 학생들이 연극의 주제에 대해 혼란을 느끼지 않도록 한다.

③ 학생들이 연극 상황 속에서 최대한 상상력을 발휘할 수 있도록 자극한다.

④ 주도면밀한 계획을 세워 수업의 진행과 흐름이 끊기지 않도록 철저하게 준비한다.

⑤ 역사 탐구나 이해보다 연기연습과 소품준비에만 몰두하지 않도록 극을 만들기 전에 학생이 역사를 충실하게 탐구하고 이해하도록 유도한다.

3. 마무리

① 연극이 끝난 후 학생들에게 반드시 피드백을 시킨다. 연극을 통해 무엇을 느꼈는지, 어떤 감정의 변화가 생겼는지에 대해 토의한다.

② 형성평가를 통해서 수업 내용을 다시 한 번 확인한다.

③ 차시 예고를 통해 학생들이 다음 수업을 준비할 수 있도록 돕는다

Ⅶ. 교수-학습계획

[단원명 : 7단원. 전체주의의 대두와 민족 운동의 발전]

중 단 원 명		차시	수 업 내 용	시간
7단원	1장. 전체주의 국가의 등장과 제2차 세계 대전	1차시	· 1929년 세계를 강타한 대공황 · 대공황에 대비하는 각 나라의 정책 · 전체주의의 대두 · 제2차 세계대전의 원인과 과정	50분
	2장. '황국 신민화' 구호 아래 민족의 희생을 강요당하다.	2차시	**· 황국신민을 강요하는 일본 · 창씨개명과 사상의 통제**	50분
			· 극화학습	
		3차시	· 병참 기지화 정책에 따른 식민지 공업화 · 침략전쟁을 위한 인적, 물적 자원 수탈	50분
	3장. 사회 운동의 변화와 민족 문화 수호 운동의 전개	4차시	· 농촌 계몽 운동의 전개 · 일제의 식민사관 · 민족주의 사관과 실증 사학 · 민족 운동에 나선 종교 · 다양하게 전개된 문학과 예술 활동	50분
	4장. 줄기차게 전개된 무장 독립 전쟁	5차시	· 조선 혁명군과 한국 독립군 · 이봉창과 윤봉길, 그리고 한인 애국단 · 임시 정부를 중심으로 모이는 항일투쟁세력 · 한국의 광복.	50분
마무리	7단원. 전체주의의 대두와 민족 운동의 발전	6차시	· 혼란스러운 세계 전쟁 상황 속에서 일본이 시행한 정책들에 대해 파악. · 민족 문화 수호 운동과 무장 독립 전쟁에 대한 이해.	50분

Ⅷ. 본시 교수-학습 지도안

단원	대단원	7. 전체주의의 대두와 민족 운동의 발전
	중단원	**2장 '황국 신민화' 구호 아래 민족의 희생을 강요당하다.**
학습 주제	조선을 침탈하기 위한 일본의 체계적인 침탈과정을 시대의 흐름 속에서 파악한다.	
학습 목표	1. 1930년대 이후 일제의 수탈 정책을 파악한다. 2. 극화 학습을 통해 역사 속의 인물이 되어 그 시대 사람들의 감정을 이해할 수 있다. 3. 극화 학습을 통해 학생들의 역사적 이해력을 높일 수 있다.	
학습 자료	핸드아웃, PPT	

과정	학습내용	교수-학습 활동		비고	시간
		교사	학생		
	인사 및 수업 분위기 조성	· 인사를 한다. · 수업 분위기를 조성한다. - 학생들의 성적표를 나눠주면서 주위를 환기한다.	· 인사를 한다. · 수업 준비를 한다. - 성적표를 나누어 받는다.		10분
	전시학습 확인	**· 전시 학습을 확인한다.** "저번 시간에 우리는 일제 강점기에 대해 배웠어요. 1910년과 1920년대 일제의 통치 방식의 차이점이 뭐였죠?"	· 전시 학습을 확인한다. "1910년대의 통치 방식은 무단통치였고 1920년대는 문화통치기 였습니다."	학생이 정답을 말했을 경우 교사는 칭찬한다.	
		"네, 맞습니다. 저번 시간에는 일제시대의 여러 사업과 계획에 대해서도 살펴봤는데요, 3·1 운동 이전 1910년대 무단통치기에 시행되었던 대표적인 사업이 하나 있었습니다. 농민의 몰락을 재촉한 사업으로 근대적 토지 소유 제도를 확립한다는 명분을 내세워 시행되었던 사업은 무엇일까요?"	"토지 조사 사업입니다."		
		"네 맞았어요. 이후 1차대전을 계기로 도시 인구는 크게 늘었지만 농업 생산력은 미치지 못해서 쌀값이 폭등되었었죠. 이 상황을 타개하기 위해 일본이 한 계획은 무엇일까요?"	"산미 증식 계획입니다."		

과정	학습내용	교수-학습 활동		비고	시간
		교사	학생		
		"그렇습니다. 일제는 무력을 앞세운 무단통치에 실패하자 우리 민족을 이간질 하는 문화통치를 했었죠. 그럼 이렇게 무단통치에서 문화통치이고 바뀌게 된 결정적 사건은 뭐였죠?"	"3 · 1 운동입니다."		
		"네 맞았어요! 이런 3 · 1운동을 기점으로 국내의 민족 운동이 더욱 활발해 졌었죠. 특히 나라 안에서 다양한 민족 운동들이 전개 됐었는데요, 그 중 조선 사람, 조선 것을 모토로 조만식 등이 주동이 되어 일어난 운동은 무엇일까요?	"물산 장려 운동입니다."		
		"네, 아주 잘했어요. 이 밖에 3 · 1운동의 영향을 받아 일어난 운동들도 많이 있었습니다. 그 중 3 · 1운동 이후 최대의 항일 민족 운동으로 광주 지역 학생들이 연대하여 처음 시작된 이 운동은 무엇일까요?"	"광주 학생 항일 운동입니다."		
	흥미유발 및 본시수업 소개	· 수업에 들어가기에 앞서 학생들에게 질문한다. "우리는 한일 합병부터 1920년대까지의 일제의 통치 방식 및 그에 대항한 민족 운동을 살펴봤어요. 그럼 오늘은 뭘 배우게 될까요?"	· 교사의 질문에 대해 추론하여 대답한다. "1930년대 이후의 일제의 통치 방식이요"		
		· 배울 내용을 소개한다. "그렇습니다. 우리는 이번 시간을 통해서 1930년대 일제 통치 방식에 대해서 자세하게 살펴볼 거예요"	· 무엇을 배우는 수업인지 간단하게 이해한다.		
		· 덧붙여 학생들에게 극화학습을 진행할 것이라고 설명해 준다. 극화학습을 하는 이유와 주제, 유의할 점에 대해서 설명한다. "자, 그리고 오늘은 특별히 선생님과 몇몇 친구들이 함께 연극을 보여줄 거예요. 여러분도 연극에 동참해서 직접 1930년대 학교의 학생들이 되	· 수업과 연극에 기대하며 집중한다.		

과정	학습내용	교수-학습 활동		비고	시간
		교사	학생		
		보는 겁니다. 선생님과 함께 1930년대 일제 강점기의 통치 방식에 대해 배우고, 그 시대 학생들이 되어서 함께 느껴보고 토의하는 시간을 갖도록 하겠어요. 재미있는 연극이 되도록 하기 위해서는 여러분의 집중과 적극적인 태도가 필요해요. 그리고 정말 자기가 그 시대 학생이 됐다고 생각하고 연극에 참여해 보도록 해요."			
마무리	피드백	"자 여러분! 수업이 끝났어요. 우리 그러면 지금부터 연극을 보고 난 후 무엇을 느꼈는지 자유롭게 이야기 해보도록 할까?"	"자유롭게 의견을 나눈다."		10분
	형성평가	"자 마무리하기 전에 먼저 오늘 얼마나 수업을 열심히 들었는지 확인해 볼까요? 답을 할 수 있는 학생은 손들어 볼까?"	"손을 들고 답을 한다."	형성평가	
	차시 예고	· 다음시간에 배울 내용에 대해서 간단하게 설명한다. "자 다음 시간에는 1930년대 이후 일본의 정책에 대항한 선조들의 활동에 대해서 살펴볼 거예요. 선조들의 활동을 두 가지로 나누면 민족문화 수호 운동과 무장 독립 투쟁이 있어요. 우리 선조들이 어떻게 대항했는지 정확한 내용은 다음 시간에 구체적으로 살펴보도록 해요"	· 다음시간에 배울 내용을 본시 학습과 관련지으며 설명을 듣는다.		
	인사	· 인사하고 수업을 마무리한다.	· 인사를 한다.		

2. 다양한 역사 방법론과 실제

① 스마트폰을 활용한 역사교육

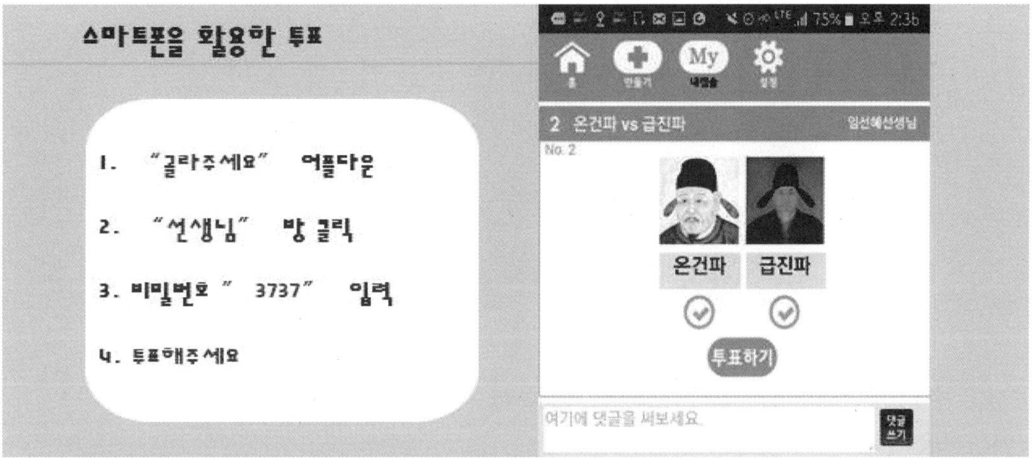

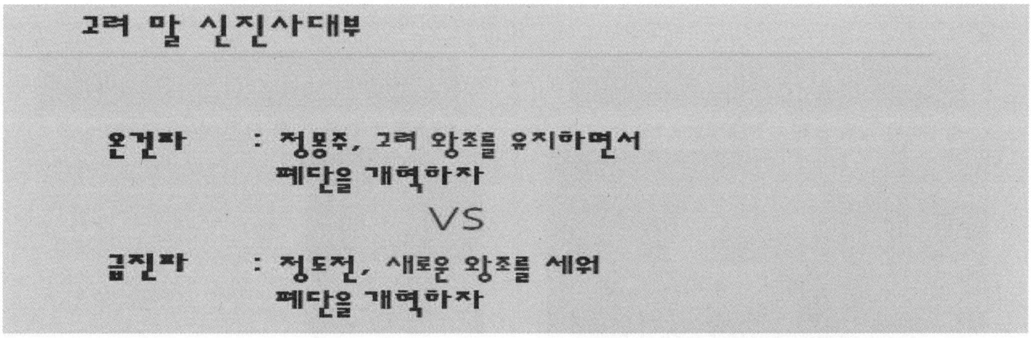

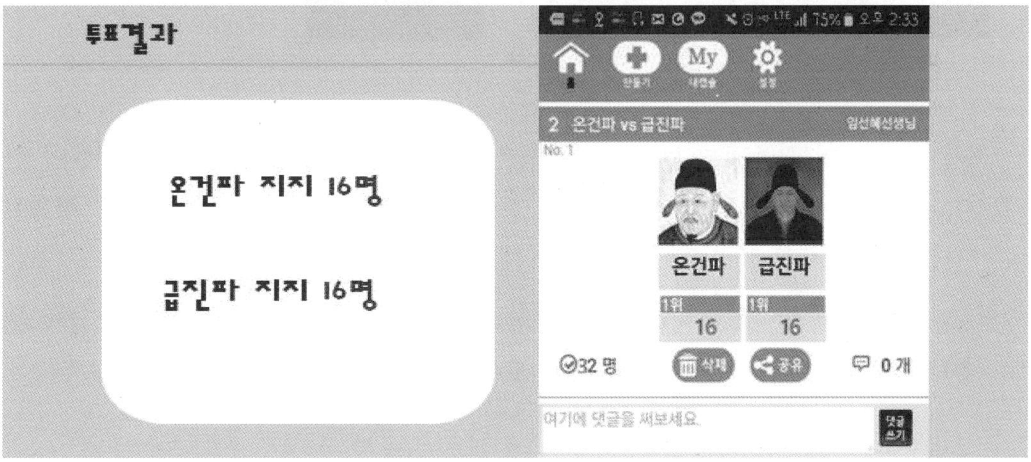

② 역사 평가에서의 흥미로운 퍼즐 활용

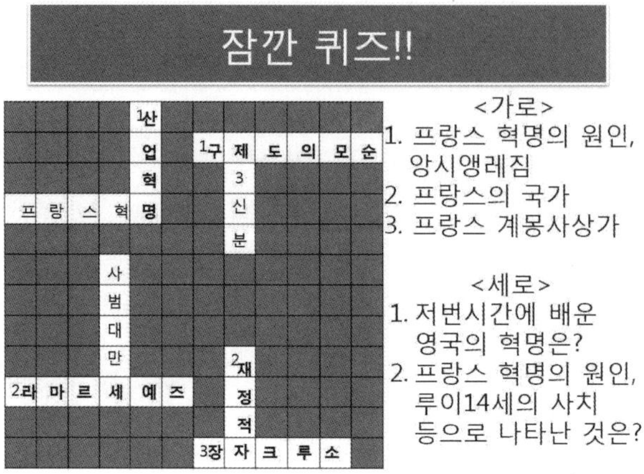

③ 수업에 효과적인 파워포인트 만들기

(가)

(나)

역사 수업 중에 사용되는 파워포인트에는 제목, 그림, 내용 등 다양한 요소들이 펼쳐진다. 같은 프랑스혁명을 설명하는 (가), (나)를 비교하면 (가)가 설명이 많이 적혀져 있는 (나)보다 가시성이 좋다. 파워포인트는 교사가 필요한 설명을 적어 두는 것을 목적으로 하지 않는다. 파워포인트는 학생들에게 교사가 시각적으로 보여주기 힘든 보충 자료를 제시하는 것을 목적으로 한다.

Ⅶ 우리 사회의 북한역사 인식과 올바른 역사교육의 필요성[1)]

1. 북한 역사란 무엇인가?

‘북한역사’란 무엇인가? 북한의 역사라고 할 때 우리는 해방 이후 북한을 생각하기 쉽다. 그러나 대한민국 현재 한국사 교과서에도 소위 ‘북한의 역사’가 수록되어 있다.

> 고조선: 고조선은 우리 역사상 최초의 국가였다.(16쪽)
> 삼국시기(26쪽), 남북국 시기(36쪽), 고려(66쪽), 조선(110쪽) 행정지도 항일의병전쟁의 전개(214쪽)일제강점기: 1920년 8월 평양에서 조만식 등이 중심이 되어 물산장려운동을 시작하자, 서울 등 다른 지역에서도 자작회, 금주, 단연회 등의 많은 단체가 만들어졌다.(265쪽)
>
> -고등학교 한국사, 미래엔-

즉, 박스 안의 ‘북한의 역사’는 한반도 내 ‘북한 지역에서 일어난 역사’를 말하게 된다. 이렇듯 ‘북한의 역사’라는 의미에는 중층적 의미가 있다. 그런데 우리는 흔히 ‘북한역사’라고 말할 때 광복 후 북한의 현대사를 일컫는 경우가 많이 있다. 우리나라 한국

1) 김보림, 「우리 사회의 북한역사 인식과 올바른 역사교육 필요성」, 『충북지역사회와 통일준비의 생활화』, 통일부와 충북대학교 공동주최, 2016년 5월 26일 발표문에서 발췌.

사 교과서에는 다음과 같은 내용이 많은 비중으로 나타난다.

- 분단에 관한 내용
- 북한 정권의 수립 과정
- 김일성 주체사상에 따른 독재화 과정
- 통일의 필요성과 당위성에 관한 내용
- 통일의 과정과 방법에 관한 내용
- 통일을 위한 노력에 관한 내용
- 그 외 교과 외 통일교육으로서 자유학기제 이용

한편, 2009 개정 교육과정과 최근의 2015 개정 교육과정에서 나타난 내용의 변화는 다음의 표와 같다.

2009	2015
• 냉전 질서의 형성과 대한민국 정부의 수립 • 6 · 25 전쟁의 원인과 전개 과정 및 참상과 영향 • 자유 민주주의의 발전 • 경제 발전과 사회 변화 • 북한의 실상과 남북 간의 통일 노력 • 올바른 역사관과 주권 의식 • 국제적 위상의 향상	• 대한민국 수립과 6 · 25 전쟁 • 자유민주주의의 발전 • 경제 성장과 사회 · 문화의 변화 • 북한의 변화와 남북 간의 평화 통일 노력 • 현대 세계의 변화

즉, 2009 개정 교육과정에서는 북한의 '실상'과 남북 간의 통일 노력이 2015 교육과정에서는 실상보다는 북한의 '변화'된 모습과 '평화'통일을 강조하고 있다.

남북한 교과서에 나오는 조선시대 인물에 대한 차이를 살펴보면 아래와 같다.

인물구분	남한	북한
농민 및 천민 출신 지도자	안용복, 임꺽정, 홍경래	김사용, 류계춘, 리계렬, 리시애, 리철, 리희저, 우군측, 홍경래
의병장	사명대사, 서산대사, 이립	김언금, 김우, 김지구, 리립, 리여각, 림중량, 서산대사, 전세록, 전장복, 조유부, 지득남, 홍천감
외국인	도요토미 히데요시, 마테오 리치, 벨테브레	고니시, 베네데또 가스뗄리, 소서비
종교인	이승훈, 최시형, 최제우	-

한편 6·25전쟁에 대한 남북한 인식의 차이를 살펴보면 아래와 같다.

	남한	북한
전쟁의 원인	① 한반도의 공산화를 목적으로 한 북한의 침략임을 강조 ② 소련과 중국의 동의를 확인 ③ 해방 이후 남북의 분단과 대결, 그리고 냉전체제라는 구조적 조건이 있었음.	① '이승만 괴뢰정부'가 한반도를 '미제의 식민지'로 만들기 위해 침략 ② 미국의 지시 하에 〈북벌〉 계획을 준비
휴전체제의 성립	'승자 없는 종결'로서 휴전체제를 인식하고 한반도에서 평화의 지속이란 과제 강조	'김일성의 영도'하에 이루어낸 '승리의 결과'로 인식
	〈남친, 남한으로 침략〉	〈북침, 북한으로 침략〉

남북한 교과서에서의 역사 용어의 차이는 매우 크다.

남한	북한
병인양요	1866년 프랑스의 무력침공
신미양요	1874년 미제의 대규모 침공
임오군란	1882년 군인(임오) 폭동
갑신정변	1884년 부르죠아 혁명
동학농민운동	1894년 농민전쟁(갑오)
갑오개혁	1894년 부르죠아 개혁
을미사변	민비학살사건
독립협회	초기 애국 문화 운동
애국계몽운동	애국 문화 운동
3·1 운동	3·1 인민 봉기

2. 탈북 청소년의 역사교육

탈북 청소년의 문제를 살펴보도록 하자.

남한 내 탈북자 현황을 살펴보면 1990년대 중반 이후 급증하여 2014년 10월 현재 27,253명으로 증가하였다. 탈북 청소년은 '먼저 온 미래'라고 불릴 만큼 통일 한국에 중요한 존재들이지만, 이들은 탈북 이후 남북한 교육 체계 및 내용의 상이성으로 인한 학력의 차이, 탈북 기간 동안 학업의 공백과 늦은 취학으로 인한 나이 문제, 상급 과정 진학 문제, 등 학업 적응에서 어려움을 가지고 있다.

탈북청소년들은 한국에 오면 먼저 국정원에서 약 2~3개월 신원조회 과정을 거쳐 최초 정착지인 하나원으로 이동하게 된다. 이곳 하나원에서 3개월간 한국 사회 적응을 위한 교육하고 유치반, 초등학교 학생은 삼죽 초등학교, 중고등학교 학생은 하나원의 하나둘 학교에 다니게 된다. 하나둘 학교에서 사용되는 역사 교재의 목적은 한국사회에 대한 이해와 하나둘 학교 수료 후 정착 배정지에서 일반 학교에 진학했을 때 이루어질 역사교육의 학습 결손을 보완하기 위한 것이다. 그러나 이들 학교에서의 문제점은 3개월 동안 최대 24시간(주당 2시간)의 수업을 하며 전체 83페이지에 모든 한국사 내용을 담고 있다는 점이다.

> 하나둘 학교에서 사용되는 교재의 내용은 다음과 같이 통사적이다.
>
> - 한국사의 흐름
> - 우리 역사의 시작
> - 우리 민족이 처음으로 세운 나라, 고조선
> - 세 나라가 경쟁하며 성장하는 삼국시대
> - 우리 역사상 최초의 통일 국가, 신라
> - 역동적 문화의 나라, 고려
> - 유교의 나라, 조선
> - 변화하는 조선
> - 조선의 문이 열리다
> - 빼앗긴 나라를 되찾으려는 노력
> - 남북한 서로 다른 두 길을 가다
> - 그대로 역사는 계속된다.

또한 북한에서 중학교 3학년 이상의 학생은 한반도 역사의 전반적 흐름을 알고 있다. 특히 '조선력사'의 근현대사 부분은 1905년 을사조약에서 1929년 광주학생운동까지만 다루고 주로 사회주의 운동가나 민중의 투쟁을 다루어 일제강점기로부터 대한민국 건국, 그 이후의 발전에 대한 이해가 전무하다. 중요하게 다루어야 할 부분은 남북한이 서로 다른 가치를 부여하고 있는 인물과 사건, 현재 서로 다른 정치, 사회, 경제, 문화적 가치관을 갖게 된 역사 흐름에 대한 이해가 필요하다.

이러한 이유로 하나둘 학교의 중고등학교 학생들에게 가장 어려운 과목은 단연 역사이다.

교과	편입학 초기 비율	현재 비율
국어	7.4	7.4
수학	7.4	0.0
역사(한국사)	11.1	11.1
세계사	3.7	3.7
지리	0.0	0.0
영어	14.8	3.7

〈출처: 김경성, 탈북청소년의 역사교육 실태와 문제점 분석- 하나둘학교 〈역사〉 교과서를 중심으로, 역사와 역사교육 제29집, 2014〉

3. 북한의 학제와 교육과정

2012년 한번 수정된 북한의 학제는 아래와 같다.

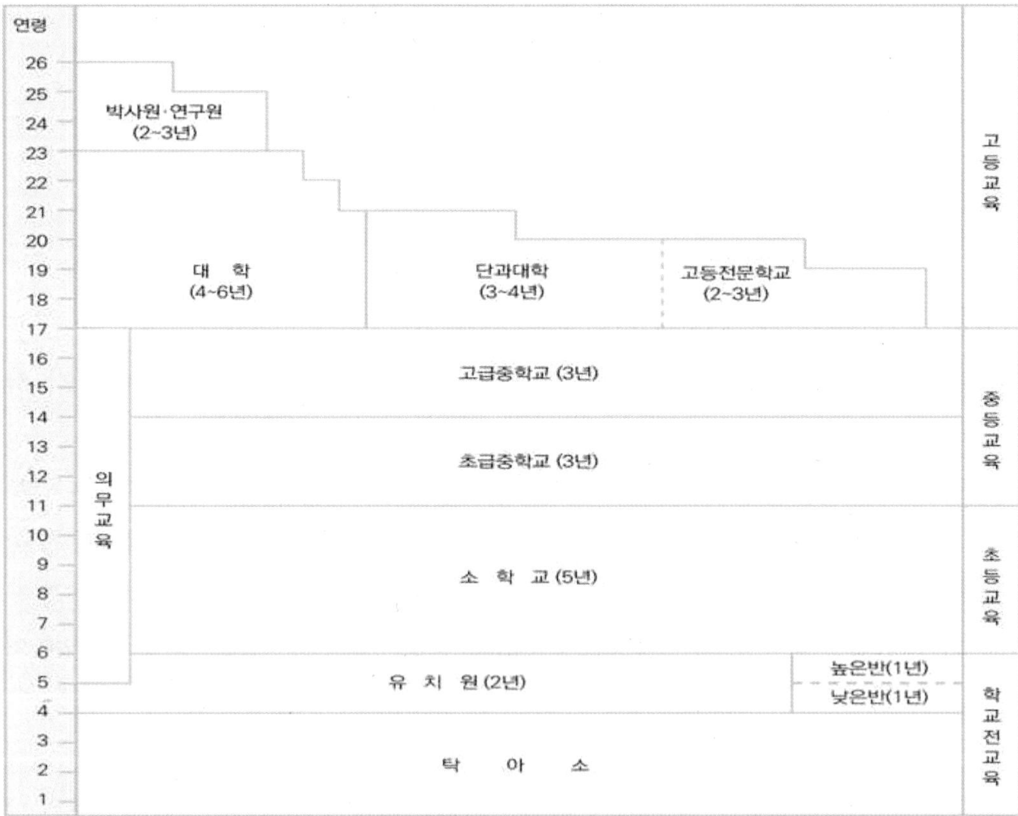

초급 중학교 교육과정은 아래와 같다.

구분	교과명	학년별 주당 수업시간 수		
		1학년	2학년	3학년
1	위대한 수령 김일성 대원수님 혁명활동	2	2	
2	위대한 령도자 김정일 대원수님 혁명활동		2	2
3	항일의 녀성영웅 김정숙 어머님 혁명활동	1		
4	경애하는 김정은 원수님 혁명활동	1	1	1
5	사회주의 도덕	1	1	1
6	국어	5	5	5
7	영어	4	4	4
8	조선력사	1	1	2
9	조선지리	1	1	1
10	수학	6	5	6
11	자연과학	5	5	5
12	정보기술	2주	2주	2주
13	기초기술	1	1	1
14	체육	2(1주)	2(1주)	2(1주)
15	음악무용	1	1	1
16	미술	1	1	1

* 북한의 교육과정은 주당 교수시간과 집중교수(주 단위로 표시)시간을 명시하고 있어 위의 체육시간의 주당 수업시간은 2시간이며 괄호 1주는 집중교수시간을 의미함.

고등 중학교 교육과정은 아래와 같다.

구분	교과명	학년별 주당 수업시간 수		
		1학년	2학년	3학년
1	위대한 수령 김일성 대원수님 혁명력사	3	2	
2	위대한 령도자 김정일 대원수님 혁명력사		2	4
3	항일의 녀성영웅 김정숙 어머님 혁명력사		1/2	
4	경애하는 김정은 원수님 혁명력사	1	1	1
5	당정책	1주	1주	1주
6	사회주의 도덕과 법	1	1	1
7	심리와 론리			1주
8	국어문학	3	2	3
9	한문	1	1	1
10	영어	3	3	3
11	력사	1	1	2
12	지리	1	1	1
13	수학	5	5/4	4
14	물리	5	4	3
15	화학	3	4	2
16	생물	3	3	2
17	정보기술	2	1	1
18	기초기술	2주	3주	3주
19	공업(농업)기초			4
20	군사활동초보		1주	1주
21	체육	1	1	1
22	예술	1	1	1

북한 학생들의 역사관은 마르크스-레닌의 유물사관에 기초하고 노동당의 유일사상인 주체사상으로부터 파생된 역사인식의 틀인 '주체사관' 중심으로 하고 있다.

주체사관의 입장에서는 역사를 인민대중의 투쟁의 역사로 보아 외세의 침략에 대한 투쟁인 반제투쟁과 내적 모순에 대한 투쟁인 반봉건투쟁으로 구분하며 주체사관은 투쟁에서의 최고핵심으로 '지도의 중요성'을 강조하며 유일사상체계, 즉 김일성·김정일·김정은 체제의 정통성 마련을 위한 근거를 제공하고 있다.

그렇다면 북한의 독도에 대한 입장은 어떠한가. 북한은 일본의 독도영유권주장을 한반도에 대한 군국주의 침탈로 규정하고 있다. 일본의 독도영유권 주장에 대해 미국의 지원과 공모 속에서 이루어졌다고 보고 있는 것이다. 하지만 북한의 대응방식은 한일관계, 남북관계의 상황에 따라 달라진다. 한일관계가 원활한 시기에는 독도 문제에 비판을 가하고, 남북화해시기에는 민족공조를 강조한다. 또한 남북교착시기에는 남한 정부의 '소극적' 외교형태를 비판하기도 한다. 우리나라 통일 역사교육의 문제점을 들면 아래와 같다. 먼저 분단에 대해서 지나치게 비용이나 국력 손실의 관점에서 서술하며 통일의 필요성이나 당위성과 관련하여 좋은 점만을 부각하여 통일에 대한 낭만적 사고를 유발시키고, 교과서는 북한을 시혜의 대상으로 서술하는 동시에 화해하고 협력해야 할 통일의 상대 주체로 간주하는 모순적인 인식을 보이고 있다. 북한에 대한 이해와 함께 도발에 대비한 안보의식을 정확하게 전달하는 것이 중요하다. 또한 학생들에게 균형 잡힌 통일관을 심어주는 것이 필요하다. 북한에 대한 지식을 균형 있게 심어줘야 한다. 공동체이자 경계의 대상으로 여겨지는 북한에 대한 균형있는 이해가 필요하다.

그리고 북한에 있는 문화유산을 보는 순간 우리 문화와 같다는 것을 인식할 필요가 있다. 우리가 북한과 같이 역사를 공유했다라는 의식을 심어주는 것이 중요하다. 또한 다른 나라의 극복사례나 통일을 통해 얻을 수 있는 이익 등을 정리하여 해결의 실마리를 제공할 필요가 있다.

<학생들에게 제시할 수 있는 탐구학습>

• 북한에 대한 인식

1. 북한이 우리에게 어떤 대상인가?
2. 북한 정권의 대화와 타협 가능성
3. 북한 정권의 통일 희망 정도?
4. 북한 정권의 안정화 가능성
5. 최근 북한이 변화하고 있나?
6. 앞으로 북한의 무력도발 가능성
7. 북한과 관련된 다음 사항을 얼마나 알고 있나
   : 선군정치 / 주체사상 / 천리마운동 / 고난의 행군 / 장마당 / 아리랑축전
8. 북한과 관련된 다음 경험 한 적 있는가
   : 북한(금강산, 개성공단 등) 방문 / 탈북자 대면 / 북한 매체 경험 / 대북관련 활동
9. 다음 측면에서 남북한 간의 차이가 얼마나 있나
   : 선거방식 / 생활수준 / 역사인식 / 언어사용 / 생활풍습 / 가치관
10. 북한 핵무기에 얼마나 위협 인식?
11. 북한이 핵무기 포기할 것인가

• 대북 정책에 대한 인식

1. 최우선할 대북정책은?
2. 대북지원의 북한 주민 도움 여부
3. 남북경제협력이 북한 개혁 · 개방에 도움?
4. 현 정부의 대북 정책에 만족
5. 남북 합의사항의 계승 필요성 여부
6. 다음 대북문제와 관련해서 얼마나 찬성 또는 반대
   : 개성공단 유지 / 금강산 관광 재개 / 북핵문제 해결 전 대북지원 금지 / 대북삐라 살포 금지/북한 인권문제 제기 / 한국 핵무기 보유
7. 최근 남북관계 악화에 대한 각국의 책임 여부?
   : 북한 / 한국 / 미국 / 중국 / 일본
8. 북한이탈주민에 대한 인식
9. 한국 거주 탈북자에 대해 친근감
10. 탈북자와 다음과 같은 관계 맺는것에 어떤 느낌이 드나
    : 동네 이웃 / 직장 동료 / 사업 동업자 / 결혼 상대자

11. 한국 입국 희망하는 탈북자를 어떻게 해야 하나
12. 한국 거주 탈북자에 대한 다음 의견에 얼마나 동의
    : 탈북자는 남북한 이질화 해소에 도움 / 정부는 탈북자 더 많이 지원해야 함
13. 탈북자 때문에 취업이 어려워짐/탈북자도 조직에서 똑같이 경쟁해야 함
14. 주변국 관계 인식
15. 주변국 중 가장 가깝게 느끼는 국가?
16. 주변국 중 가장 위협적인 국가
17. 국제 경기시 북한과 미국 중, 어느 국가 응원
18. 다음의 국가가 우리에게 어떤 대상이라고 생각?
    : 미국 / 중국 / 일본 / 러시아
19. 한반도 전쟁시 주변 4국이 어떻게 대처하리라 생각?
    : 미국 / 중국 / 일본 / 러시아
20. 다음의 국가가 남북한 통일을 원한다고 생각?
    : 미국 / 중국 / 일본 / 러시아
21. 남북 통일 위해 다음 국가의 도움이 얼마나 필요?
    : 미국 / 중국 / 일본 / 러시아
22. '남북관계 개선'과 '한미공조' 중 어느 것이 더 중요
23. 중국과 북한의 협력 강화에 대한 생각

2015개정 교육과정의 주요내용

1. 중고등학교 사회과의 과목 편성

[공통 교육과정]

- 사회
- 역사

[선택 중심 교육과정] - 공통 과목

- 통합사회
- 한국사

[선택 중심 교육과정] - 일반 선택

- 한국지리
- 세계지리
- 동아시아사
- 세계사
- 경제
- 정치와 법
- 사회 · 문화

[선택 중심 교육과정] - 진로 선택

• 여행지리
• 사회문제 탐구

2. 중학교 편제와 시간배당

1) 편제

가) 중학교 교육과정은 교과(군)와 창의적 체험활동으로 편성한다.

나) 교과(군)는 국어, 사회(역사 포함)/도덕, 수학, 과학/기술 · 가정/정보, 체육, 예술(음악/미술), 영어, 선택으로 한다.

다) 선택 교과는 한문, 환경, 생활 외국어(독일어, 프랑스어, 스페인어, 중국어, 일본어, 러시아어, 아랍어, 베트남어), 보건, 진로와 직업 등의 과목으로 한다.

라) 창의적 체험활동은 자율 활동, 동아리 활동, 봉사 활동, 진로 활동으로 한다.

2) 시간 배당 기준

〈표 2〉

구 분		1~3학년
교과(군)	국어	442
	사회(역사 포함)/도덕	510
	수학	374
	과학/기술 · 가정/정보	680
	체육	272
	예술(음악/미술)	272
	영어	340
	선택	170
	소계	3,060
창의적 체험활동		306
총 수업 시간 수		3,366

① 이 표에서 1시간 수업은 45분을 원칙으로 하되, 기후 및 계절, 학생의 발달 정도, 학습 내용의 성격, 학교 실정 등을 고려하여 탄력적으로 편성 · 운영할 수 있다.
② 학년군 및 교과(군)별 시간 배당은 연간 34주를 기준으로 한 3년간의 기준 수업 시수를 나타낸 것이다.
③ 총 수업 시간 수는 3년간의 최소 수업 시수를 나타낸 것이다.
④ 정보 과목은 34시간을 기준으로 편성 · 운영한다.

3. 고등학교 편제와 시간 배당

1) 편제

가) 고등학교 교육과정은 교과(군)와 창의적 체험활동으로 편성한다.

나) 교과는 보통 교과와 전문 교과로 한다.

(1) 보통 교과

㉮ 보통 교과의 영역은 기초, 탐구, 체육 · 예술, 생활 · 교양으로 구성하며, 교과(군)는 국어, 수학, 영어, 한국사, 사회(역사/도덕 포함), 과학, 체육, 예술, 기술 · 가정/제2외국어/한문/교양으로 한다.

㉯ 보통 교과는 공통 과목과 선택 과목으로 구분한다. 공통 과목은 국어, 수학, 영어, 한국사, 통합사회, 통합과학(과학탐구실험 포함)으로 하며, 선택 과목은 일반 선택 과목과 진로 선택 과목으로 구분한다.

(2) 전문 교과

㉮ 전문 교과는 전문 교과Ⅰ과 전문 교과Ⅱ로 구분한다.

㉯ 전문 교과Ⅰ은 과학, 체육, 예술, 외국어, 국제 계열에 관한 과목으로 한다.

㉰ 전문 교과Ⅱ는 국가직무능력표준에 따라 경영 · 금융, 보건 · 복지, 디자인 · 문화콘텐츠, 미용 · 관광 · 레저, 음식 조리, 건설, 기계, 재료, 화학 공업, 섬유 · 의류, 전기 · 전자, 정보 · 통신, 식품 가공, 인쇄 · 출판 · 공예, 환경 · 안전, 농림 · 수산해양, 선박 운항 등에 관한 과목으로 한다. 전문 교과Ⅱ의 과목은 전문 공통 과목, 기초 과목, 실무 과목으로 구분한다.

다) 창의적 체험활동은 자율 활동, 동아리 활동, 봉사 활동, 진로 활동으로 한다.

2) 단위 배당 기준

가) 일반 고등학교(자율 고등학교 포함)와 특수 목적 고등학교(산업수요 맞춤형 고등학교 제외)

〈표 3〉

<table>
<tr><th></th><th>교과 영역</th><th>교과(군)</th><th>공통 과목(단위)</th><th>필수 이수 단위</th><th>자율 편성 단위</th></tr>
<tr><td rowspan="10">교과(군)</td><td rowspan="4">기초</td><td>국어</td><td>국어(8)</td><td>10</td><td rowspan="9">학생의 적성과 진로를 고려하여 편성</td></tr>
<tr><td>수학</td><td>수학(8)</td><td>10</td></tr>
<tr><td>영어</td><td>영어(8)</td><td>10</td></tr>
<tr><td>한국사</td><td>한국사(6)</td><td>6</td></tr>
<tr><td rowspan="2">탐구</td><td>사회
(역사/도덕 포함)</td><td>통합사회(8)</td><td>10</td></tr>
<tr><td>과학</td><td>통합과학(8)
과학탐구실험(2)</td><td>12</td></tr>
<tr><td rowspan="2">체육 · 예술</td><td>체육</td><td></td><td>10</td></tr>
<tr><td>예술</td><td></td><td>10</td></tr>
<tr><td>생활 · 교양</td><td>기술 · 가정/
제2외국어/
한문/교양</td><td></td><td>16</td></tr>
<tr><td colspan="3">소계</td><td>94</td><td>86</td></tr>
<tr><td colspan="4">창의적 체험활동</td><td colspan="2">24(408시간)</td></tr>
<tr><td colspan="4">총 이수 단위</td><td colspan="2">204</td></tr>
</table>

① 1단위는 50분을 기준으로 하여 17회를 이수하는 수업량이다.
② 1시간의 수업은 50분을 원칙으로 하되, 기후 및 계절, 학생의 발달 정도, 학습 내용의 성격, 학교 실정 등을 고려하여 탄력적으로 편성 · 운영할 수 있다.
③ 공통 과목은 2단위 범위 내에서 감하여 편성 · 운영할 수 있다. 단, 한국사는 6단위 이상 이수하되 2개 학기 이상 편성하도록 한다.
④ 과학탐구실험은 이수 단위 증감 없이 편성 · 운영하는 것을 원칙으로 하되, 과학 계열, 체육 계열, 예술 계열 고등학교의 경우 학교 실정에 따라 탄력적으로 운영할 수 있다.
⑤ 필수 이수 단위의 단위 수는 해당 교과(군)의 '최소 이수 단위'로 공통 과목 단위 수를 포함한다. 특수 목적 고등학교와 자율형 사립 고등학교의 경우 예술 교과(군)는 5단위 이상, 생활 · 교양 영역은 12단위 이상 이수할 것을 권장한다.
⑥ 기초 교과 영역 이수 단위 총합은 교과 총 이수 단위의 50%를 초과하지 않도록 한다.
⑦ 창의적 체험활동의 단위는 최소 이수 단위이며 ( )안의 숫자는 이수 단위를 이수 시간 수로 환산한 것이다.
⑧ 총 이수 단위 수는 고등학교 3년간 이수해야 할 '최소 이수 단위'를 의미한다.

4. 중학교 〈역사〉 과목

역사 영역은 중학교에서 〈역사〉과목을 통해 한국사와 세계사를 학습하도록 한다.

1) 성격

'역사'는 과거에 있었던 인류의 다양한 삶과 문화를 이해하고 현재의 생활과 앞으로 전망되는 미래생활을 과거 생활과 연관 지어 살펴봄으로써 인간과 인간의 삶에 대한 폭넓은 이해력과 통찰력을 키우는 과목이다.

이 과목은 과거와 현재, 우리나라와 세계를 연관시켜 체계적이고 전반적으로 이해할 수 있도록 내용을 구성한다. 또한 평면적이고 단편적인 사건의 나열에서 벗어나 우리나라와 세계를 각각 독립된 공간으로 파악하지 않고 복합적이고 상호 연관적인 역사 이해를 추구한다.

중학교 과정에서는 초등학교에서 학습한 한국사에 대한 기초적 이해를 바탕으로 과거와 현재, 우리나라와 세계의 역사를 서로 연관시켜 체계적으로 이해할 수 있는 기본 능력을 갖추는데 주안점을 둔다. 시대별 학습 내용은 한국사와 세계사의 주요 주제를 중심으로 구성하여 학습자가 한국 역사의 주요 사실을 이해하고 우리나라와 세계가 직·간접적으로 영향을 주고받으며 발전해 왔던 사실을 이해할 수 있도록 하는 것이다. 이를 위해 선사시대부터 18세기까지의 역사를 한국사의 정치적 흐름을 중심으로 유사한 시기의 지역 세계 상황과 함께 구성하였다. 이어서 18세기까지의 유럽과 아메리카의 역사를 서술하고, 19세기 이후 현대 세계의 발전을 학습하도록 내용을 구성하였다.

'역사' 과목은 역사 사실 이해, 역사 자료 분석과 해석, 역사 정보 활용 및 의사소통, 역사적 판단력과 문제 해결 능력, 정체성과 상호 존중을 중요한 역량으로 삼고 있다.

역사 사실 이해는 과거의 사건, 인물, 구조, 변화 등에 대한 지식을 습득하고 중요한 역사 용어나 개념을 이해하는 능력을 의미한다. 역사 자료 분석과 해석은 역사 자료를 읽고 이를 비판적으로 검토하여 역사 지식을 구성하는 능력을 의미한다. 역사 정보 활용 및 의사소통은 다양한 매체를 통해 얻은 역사 정보를 분석, 토론, 종합, 평가하는 능력을 의미한다. 역사적 판단력과 문제 해결 능력은 과거 사례에 비추어 오늘날의 문제를 해결하는 능력을 의미한다.

정체성과 상호 존중은 우리 역사와 세계 역사에 대한 이해를 바탕으로, 우리의 관점에서 오늘날 요구되는 역사 의식을 함양하고 타인을 이해하고 존중하는 태도를 갖는 능력을 의미한다.

2) 목표

'역사'는 우리나라와 세계 각국이 발전해 온 과정을 종합적, 체계적으로 파악하여 현재와 미래 사회에 대한 안목을 기르는 것을 목표로 한다. 이를 위해 시간의 흐름 속에서 우리나라와 세계 각 지역의 역사 발전 과정을 인식하고, 상호 교류를 통해 인간의 삶이 향상되고 새로운 문화가 형성되는 과정을 능동적으로 학습한다. 학습자 스스로 역사적 자료를 활용하며 비교, 분석, 종합하는 능력을 향상시키고 과거에 대한 다양한 해석과 시각이 있을 수 있다는 것을 인식한다. 이러한 역사에 대한 통찰력을 바탕으로 우리나라와 세계의 구성원으로서 다양한 문화를 인정하고 민주적이며 평화적인 가치를 존중하는 자세를 기르도록 한다. '역사'의 구체적인 목표는 다음과 같다.

가. 우리나라와 세계 역사의 주요 사실과 개념을 이해하고 상호 연관성을 파악한
나. 주제를 중심으로 한국사와 세계사의 정치적 흐름을 이해한다.
다. 오늘날의 사회가 직면한 문제의 역사적 배경과 상호 관련성을 파악하여 현대 세계와 우리나라에 대한 이해를 확대한다.
라. 다양한 역사 자료를 비교, 분석하고 유추하여 역사적 사실을 종합적, 맥락적으로 이해하는 역사적 사고력을 기른다.
마. 스스로 문제의식을 가지고 다양한 역사 자료를 검토하는 비판적 사고와 문제 해결 능력을 기른다.
바. 시간과 공간 속에서 서로 다르게 나타나는 문화와 전통, 가치를 존중하고, 민주적이고 평화적인 가치를 존중하는 자세를 기른다.

3) 내용 체계

대주제	소주제
문명의 발생과 동아시아 국가의 성립	○ 역사의 의미와 학습 목적
	○ 선사 시대의 생활과 문화
	○ 문명의 발생과 국가의 성립
	○ 춘추 · 전국 시대와 진 · 한 제국
	○ 고조선의 성립과 발전
	○ 여러 나라의 생활
삼국 시대와 동아시아의 재편	○ 동아시아의 변화와 교류
	○ 삼국의 왕권 강화
	○ 삼국의 영토 확장과 대외 관계
남북국 시대와 동아시아의 발전	○ 동아시아 문화권의 성립과 발전
	○ 신라의 삼국 통일
	○ 통일신라의 발전과 변화
	○ 발해의 문화
고려와 동아시아의 다원적 국제 질서	○ 북방 민족의 성장과 동아시아
	○ 몽골 제국과 동서 교류
	○ 고려 문벌 귀족 사회의 형성과 변화
	○ 무신 정권의 성립과 대몽 항쟁
	○ 고려의 개혁과 신진 사대부의 등장
조선과 동아시아 전통 사회의 성숙	○ 동아시아 세계의 변화와 대외 교류
	○ 조선의 건국과 통치 제도
	○ 사림의 성장
	○ 왜란과 호란
	○ 조세 제도의 개혁과 체제 정비
	○ 영 · 정조의 개혁 정치
	○ 세도 정치와 농민 봉기의 발생
유럽과 아메리카 역사의 전개	○ 그리스 · 로마 세계
	○ 봉건 사회의 성립과 변화
	○ 시민 혁명과 산업 혁명
제국주의 침략과 근대 개혁 운동	○ 중국과 일본의 개항과 근대화 운동
	○ 조선의 개항
	○ 조선의 근대화 운동
	○ 근대 국가 건설을 위한 노력
	○ 일본 제국주의 침략과 국권 수호 운동

대주제	소주제
세계 대전과 반제 민족 운동의 전개	ㅇ 제1차 세계 대전과 동아시아의 민족 운동
	ㅇ 전체주의의 출현과 제2차 세계 대전
	ㅇ 일제의 식민지 지배 정책
	ㅇ 전시 동원과 인권 유린
	ㅇ 3·1 운동과 대한민국 임시 정부
	ㅇ 민족 운동의 전개
현대 세계의 전개	ㅇ 냉전과 세계 질서의 변화
	ㅇ 대한민국의 수립
	ㅇ 대한민국의 발전
	ㅇ 평화 통일을 위한 노력
	ㅇ 공존을 위한 노력

4) 성취기준(예)

(1) 문명의 발생과 동아시아 국가의 성립

'역사'의 도입 부분으로 역사를 학습하는 목적을 알고 다양한 역사 자료를 통해 과거의 사실을 추론해 본다. 문명 발생의 공통적인 특징을 파악하고, 중국이 춘추·전국 시대를 거쳐 진·한 통일 제국으로 발전하는 과정을 이해한다. 우리나라 최초의 국가인 고조선의 성립과 철기 문화를 바탕으로 성장한 여러 나라들의 생활 모습을 파악한다.

[9역01-01] 사료의 개념을 이해하고 역사 학습의 목적을 파악한다.
[9역01-02] 한반도와 세계 여러 지역의 선사 문화의 발전 과정을 도구의 변천을 중심으로 파악하고, 유물과 유적을 바탕으로 선사 시대 사람들의 생활 모습을 추론해 본다.
[9역01-03] 세계 여러 문명의 발생 과정에서 나타난 공통점을 파악하고, 국가가 성립되고 문명이 발전하는 과정을 이해한다.
[9역01-04] 춘추·전국 시대의 정치 변동과 제자백가의 출현을 연계시켜 이해하고, 진·한 제국의 통치 정책의 특징을 파악한다.
[9역01-05] 고조선의 건국 과정을 이해하여 우리 역사의 기원을 알고, 각종 자료를 탐구하여 고조선의 사회 모습을 파악한다.
[9역01-06] 철기 문화를 바탕으로 만주와 한반도 지역에서 성립한 여러 나라의 생활 모습을 자료를 통해 분석한다.

(가) 학습 요소

소주제	학습 요소
역사의 의미와 학습 목적	사료의 개념, 역사 학습의 목적
선사 시대의 생활과 문화	구석기(뗀석기), 신석기(간석기), 토기, 신석기 혁명
문명의 발생과 국가의 성립	문명 발생의 공통점, 국가 성립
춘추 · 전국 시대와 진 · 한 제국	춘추 · 전국 시대, 제자백가, 진의 통일 정책, 유학의 통치 이념 채택
고조선의 성립과 발전	고인돌, 비파형 동검, 단군 왕검, 고조선, 위만 조선, 철기 문화, 8조법
여러 나라의 생활	부여, 고구려, 옥저, 동예, 삼한, 제천 행사, 결혼 풍습

(나) 성취기준 해설

[9역01-06] 철기 문화를 바탕으로 성장한 부여, 고구려, 옥저, 동예, 삼한의 정치적 특징을 지정학적 위치 및 자연환경과 연관시켜 설명하고, 제천 행사, 결혼 풍습 등이 갖는 의미를 분석하여 각국의 생활 모습을 이해할 수 있도록 한다. 나라별로 역사적 사실들을 맥락 없이 나열하여 암기의 부담을 가중시키지 않도록 유의한다.

(다) 교수 · 학습 방법 및 유의 사항

역사 학습의 목적이 단순한 과거 사실의 암기가 아니라 자료에 대한 해석과 평가를 통해 해당 시대의 모습과 사람들의 삶을 파악하는 데 있음을 이해시킨다. 박물관 또는 유적지 등의 견학을 통해 선사 문화의 특징을 파악할 수 있도록 한다. 4대 문명의 특징을 나타내는 '문명 카드 만들기' 수업을 진행하여 각 문명에 대한 흥미를 가지게 한다. 단군의 건국 이야기와 8조법의 내용을 읽고 고조선 건국의 의미와 당시의 생활 모습을 유추해 볼 수 있도록 한다. 철기를 바탕으로 성립한 여러 나라의 생활 모습을 보여주는 사료를 분석하여 각국의 특징을 정리한 표를 만들어 보게 한다. 사료 학습을 할 때에는 학습자가 사료를 이해할 수 있도록 쉽게 풀어서 제시한다. 학습자가 사료를 해석할 때는 자신의 의견을 자유롭게 제시하되 논리적 근거를 통하여 설명할 수 있도록 한다.

(라) 평가 방법 및 유의 사항

선사 문화의 시대별 특징, 문명 발생 과정의 공통점, 국가 성립 단계의 특징에 대한 이해도 등을 평가하도록 한다. 선사 시대의 생활 모습에 대한 삽화 그리기 또는 가상 일기 쓰기 등의 수행평가를 통해 당시 문화를 제대로 이해하고 있는지 평가할 수 있다. 박물관 또는 유적지 견학 이후 활동지를 작성하도록 하여 당시의 생활 모습을 이해하고 있는지 평가할 수 있다. 단군의 건국 이야기, 8조법, 철기 문화를 바탕으로 성립한 여러 나라의 생활 모습에 관한 이해 정도를 체크리스트를 통하여 평가할 수 있다.

(2) 세계 대전과 반제 민족 운동의 전개

제1, 2차 세계 대전의 발발과 영향, 일제에 의한 식민 통치 및 우리 민족의 수난과 독립운동의 전개 과정을 다룬다. 제1, 2차 세계 대전은 우리 민족의 운명에도 큰 영향을 미친 전쟁이므로, 그 발발 배경과 영향 속에서 우리 역사의 전개 과정을 설명한다. 특히 제1차 세계 대전이 끝난 후 일어난 3·1 운동은 우리 민족 운동의 분수령이 되었으며 대한민국 임시 정부를 수립하는 계기가 되었다. 다양하게 전개된 민족 운동을 살펴봄으로써 우리 민족의 독립에 대한 의지를 확인한다.

[9역08-01] 제1차 세계 대전의 원인과 특징을 파악하고 제국주의 침탈에 저항한 동아시아의 민족 운동을 이해한다.

[9역08-02] 제2차 세계 대전의 배경을 파악하고, 전쟁 기간 중 국제 평화를 모색하는 노력이 전개되었음을 이해한다.

[9역08-03] 일제가 실시한 통치 정책의 내용을 시기별로 확인하여 식민 정책의 본질을 파악한다.

[9역08-04] 전시 체제 하에서 일제가 펼친 억압 정책을 징병, 징용, 일본군 '위안부' 강제 동원 등의 사례를 조사하여 파악한다.

[9역08-05] 3·1 운동이 일어난 배경과 전개 과정을 파악하고, 이를 계기로 대한민국 임시 정부가 수립되었음을 이해한다.

[9역08-06] 3·1 운동 이후 전개된 다양한 민족 운동의 주장과 활동 사례를 통해 각 운동의 지향점을 확인한다.

(가) 학습 요소

소주제	학습 요소
제1차 세계 대전과 동아시아의 민족 운동	제국주의, 제1차 세계 대전, 러시아 혁명, 5·4 운동
전체주의의 출현과 제2차 세계 대전	경제 공황, 파시즘, 나치즘, 군국주의, 중·일 전쟁, 제2차 세계 대전, 국제 연합
일제의 식민지 지배 정책	무단 통치, 민족 분열 통치, 토지 조사 사업, 산미 증식 계획, 민족 말살 통치, 병참 기지화 정책
전시 동원과 인권 유린	징병, 징용, 일본군 '위안부' 강제 동원
3·1 운동과 대한민국 임시 정부	민족 자결 주의, 3·1 운동, 대한민국 임시 정부
민족 운동의 전개	실력 양성 운동, 민족 유일당 운동, 사회·경제적 민족 운동, 무장 독립 투쟁, 의열 투쟁

(나) 성취기준 해설

[9역08-06] 이 시기에 전개된 다양한 민족 운동, 즉 실력 양성 운동, 민족 유일당 운동, 사회·경제적 민족 운동, 무장 독립 투쟁, 의열 투쟁 등의 내용에 관하여 살펴본다. 이러한 민족 운동이 독립을 달성하기 위해 추구한 방법과 여러 민족 운동 단체의 성격 등을 파악하는 과정을 통해 당시 민족 운동의 주요한 흐름을 이해하도록 한다.

(다) 교수·학습 방법 및 유의 사항

일제의 식민 통치 방식이 변화된 이유를 국내외 정세와 관련지어 이해할 수 있도록 역사신문 만들기 등의 수업을 진행할 수 있다. 이때 세세한 정책의 나열이나 이를 시행한 일본 총독의 이름을 일일이 열거하지 않도록 유의한다. 민족 운동에 대한 학습은 유사한 활동을 하나의 범주로 묶어 큰 흐름을 파악하는 데 주안점을 둔다. '내가 존경하는 민족 운동가'와 같은 인물 학습, '정책 토론: 독립을 위한 최선의 방법은?'과 같은 수업을 통해 각 민족 운동의 핵심 주장과 특징을 비교하여 이해하는 방법을 고려해 볼 수 있다.

(라) 평가 방법 및 유의 사항

일제의 통치 정책을 보여주는 사료와 사진 등을 제시하고 이러한 정책이 시행된 배경 또는 당시의 사회 모습에 대한 구술 평가를 통해 시기별 일제 통치 정책의 특징을 정확하게 파악하고 있는지 평가할 수 있다. '내가 존경하는 민족 운동가'를 주제로 한 인물 학습은 인물 평전 쓰기 등을 통해 인물 선정 이유의 구체성, 자료 조사의 정확성, 학습 목표와의 일치성 등을 기준으로 결과물을 평가할 수 있다. 독립 운동의 방법을 주제로 한 정책 토론 수업에서는 토론의 근거로 제시한 내용의 정확성 등을 통해 특정 독립 운동 노선에 대한 이해의 정도를 평가할 수 있다. 토론이나 발표 학습의 경우 동료 평가를 통해 토론에 참여하는 태도 등을 함께 평가할 것을 권장한다.

(3) 현대 세계의 전개

제2차 세계 대전 이후 냉전 체제의 형성과 붕괴 과정, 광복 이후 대한민국의 발전 과정을 다룬다. 또한 통일을 위한 우리의 노력을 살펴보고 통일의 의미와 중요성을 인식한다. 주변국과의 역사 갈등의 내용을 알고, 이를 해결할 수 있는 방안을 스스로 찾아봄으로써 역사 학습의 현재적 의미를 이해한다. 분단 이후 현대 사회의 전개 과정에 대해서는 다양한 관점이 존재한다는 것을 인식하고 우리의 현실에 대해 스스로 생각해 보도록 한다.

[9역09-01] 제2차 세계 대전 이후 냉전 체제의 형성과 붕괴에 대해 파악하고, 세계화의 전개 과정을 탐구한다.

[9역09-02] 대한민국의 수립과 6·25 전쟁의 전개 과정을 파악한다.

[9역09-03] 자유 민주주의가 시련을 겪으며 발전해 가는 과정을 파악하고, 경제 성장의 성과와 과제를 이해한다.

[9역09-04] 1970년대 이후 평화 통일을 위한 노력이 꾸준히 전개되었음을 파악한다.

[9역09-05] 독도가 우리 영토인 근거를 정확하게 이해하고, 주변 국가와의 역사 갈등을 파악하여 이를 해결할 수 있는 실천 방안을 모색한다.

(가) 학습 요소

소주제	학습 요소
냉전과 세계 질서의 변화	냉전 체제, 독일 통일, 사회주의 진영의 붕괴, 세계화
대한민국의 수립	대한민국 수립, 제주 4·3 사건, 분단, 6·25 전쟁
대한민국의 발전	4·19 혁명, 5·16 군사 정변, 10월 유신, 5·18 민주화 운동, 6월 민주 항쟁, 경제 개발 5개년 계획, 사회 양극화
평화 통일을 위한 노력	7·4 남북 공동 성명, 남북 기본 합의서, 6·15 남북 공동 선언
공존을 위한 노력	독도, 일본의 역사 교과서 왜곡, 동북공정

(나) 성취기준 해설

[9역09-02] 대한민국이 3·1 운동의 정신과 대한민국 임시 정부의 법통을 계승하여 수립되었음을 설명한다. 아울러 6·25 전쟁이 일어나게 된 원인을 당시의 국제 상황과 연관 지어 설명하고 그 전개 과정을 살펴본다. 이 가운데 해방 공간에서 활동한 다양한 단체를 나열하는 방식은 지양하고 통일 정부 수립을 위한 노력을 살펴본다. 6·25 전쟁도 발발 배경과 그 결과를 중심으로 설명하고 전쟁 중 전개된 다양한 전투를 나열하지 않도록 한다.

[9역09-03] 자유 민주주의의 발전과 경제 성장 과정을 4·19 혁명, 5·18 민주화 운동, 6월 민주 항쟁, 경제 개발 5개년 계획 등을 중심으로 설명한다. 양자를 서로 갈등 또는 대립 관계로 파악하기보다 함께 진행되어 온 것임을 이해하도록 하고, 앞으로 해결해 나가야 할 국가·사회적 과제를 파악하도록 한다.

(다) 교수·학습 방법 및 유의 사항

제2차 세계 대전 이후 냉전 체제가 형성·붕괴되는 국제 정세의 변화 속에서 한반도의 상황 변화를 이해하도록 한다. 대한민국 수립으로부터 현대 사회에 이르기까지 민주화와 경제 성장의 과정을 주요 역사적 사실들을 중심으로 파악하고, 토론 학습 등을 통하여 자신이 살아가고 있는 현대 사회의 모습에 대해 생각해 보도록 한다. 일본의 독도 영유권 주장과 중국의 동북공정 등에 대한 역사적 자료를 조사·발표하는 모둠 수업을 통해 그 문제점을 구체적으로 설명할 수 있도록 한다.

(라) 평가 방법 및 유의 사항

자유 민주주의 발전과 경제 성장에 대한 토론 내용이 역사적 사실에 부합하는지 등을 평가할 수 있다. 토론 진행 과정에서 다른 학생의 의견을 경청하고 이에 논리적으로 대응하고 있는지를 살펴보고, 학습 주제에 대한 쟁점을 올바르게 파악하고 있는지, 스스로의 관점에 입각해서 일관성 있게 논리를 전개하는지 등을 평가할 수 있다. 일본의 독도 영유권 주장, 중국의 동북공정 등 동아시아 역사 갈등을 주제로 한 수업에서는 일본과 중국의 주장을 논박하는 글쓰기 수업을 실시하여 자료 조사의 정확성, 주장의 명료성, 논리 전개의 일관성 등을 기준으로 평가할 수 있다.

5) 교수 · 학습 방향

(1) 중학교 과정은 과거 사실을 통해 역사 사실과 개념, 인과 관계, 과거와 현재의 연관성 등을 학습하여 고등학교에서 세부적이고 구체적인 역사 사실에 대한 학습으로 심화시켜 갈 수 있는 기본 소양을 갖추는 데 주안점을 둔다.

(2) 역사 학습은 과거 사실을 다루는 과정에서 진위 여부 확인, 자료 비판, 상반된 견해의 비교 등 다양한 지적 활동을 포함한다. 따라서 중학교 과정에서는 초보적인 수준에서 지식과 기능을 결합한 학습 활동을 제시하여 학습자 스스로 역사 자료를 다루는 과정에서 역사 개념을 익히고 그 의미를 파악하도록 한다.

(3) 중학생들에게 많은 사실과 개념을 기억하도록 하거나, 사료를 분석하는 것은 어려울 수 있으므로 학습 목표에서 제시한 개념을 이해하고 그 사례를 찾도록 하거나 사례를 통해 개념을 이해하는 방식을 적절하게 사용하도록 한다.

(4) 과거 사실에 대한 이해를 바탕으로 문제를 해결하거나 추론할 수 있는 역사적 사고력을 향상시킬 수 있는 교수 · 학습 방안을 마련한다.

(5) 우리나라와 세계의 역사가 상호 연관성을 가지고 유기적으로 발전했음을 이해하도록 한다.

(6) 교수 · 학습 방법은 학습 목표를 효율적으로 달성하기 위한 수단이므로 학습 목표와 수업 방식을 연계하여 구성한다.

(7) 교수 · 학습 방법은 강의식 수업, 사료 학습, 인물 학습, 모의 법정, 시사 토론, 극화 학습 등 다양한 방법을 활용한다. 강의식 수업이나 사료 학습을 통해 지

식과 개념 이해를 도모할 수 있고, 역할극과 모의 법정과 같은 방법을 통해 역사적 추체험을 유도할 수 있다. 모의 법정, 시사 토론, 극화 학습과 같이 수업 활동을 위한 사전 준비가 필요한 교수·학습 방법은 교사가 철저한 계획 아래 시행하도록 한다.

(8) 상반되는 견해를 분석하고 검토하는 사료 학습, 시사 토론을 통해 분석·비판 능력을 양성할 수 있고, 인물 학습, 극화 학습, 영상 활용 수업으로 민주 시민으로서의 자질과 태도를 함양할 수 있다.

(9) 분석·비교·유추와 같은 능력은 단계적이고 지속적인 수업 과정에서 길러지므로, 성취기준에서 제시하는 목표를 고려하여 단계적으로 학생 활동의 수준을 높여나가도록 한다.

6) 평가 방향

(1) 평가는 학습 목표, 교수·학습 활동과 밀접한 관련성을 가지고 진행하여야 한다.

(2) 역사의 기본 사실·개념과 같은 지식 영역, 역사를 탐구하는데 필요한 분석·비교·유추 능력 등의 기능 영역, 가치와 태도의 변화를 가져오는 정서적 영역을 균형 있게 측정할 수 있는 방안을 마련해야 한다.

(3) 지식, 기능, 정서적 영역을 종합적으로 평가할 수 있도록 역사 지식과 역사적 사건의 의미와 영향, 과거의 사실을 바탕으로 한 문제 해결 능력, 역사에 대한 흥미·관심·태도 등을 함께 측정할 수 있는 복합 평가 방법이나 종합 평가 방법을 사용할 수 있다.

(4) 지필 평가, 관찰 평가, 동료 평가, 포트폴리오 평가 등 다양한 평가의 방법을 사용할 수 있다. 관찰 평가와 동료 평가는 수행 과제를 하는 동안 자료의 조작 능력, 협동심, 지식의 이해와 전달 능력 등을 파악할 수 있는 유용한 방법이다.

(5) 지필 평가는 지식과 개념의 이해도를 측정하는 데 유용하다. 논술형 지필 평가는 지식·이해와 더불어 분석 능력, 논리적 사고력 등을 측정하는 데 활용할 수 있다.

(6) 주관식 평가의 경우 평가의 신뢰도를 높일 수 있는 양적·질적 기준을 명확히 마련하여 객관성 있는 평가 기준이 제시하여야 한다.

(7) 시사 토론이나 모의재판 등의 수업은 역사적 사실에 대한 이해, 다른 견해에 대

한 비판적 검토를 통해 역사적 지식과 판단력 등을 측정할 수 있다.

(8) 교수·학습 과정과 연계된 수행평가, 관찰 평가, 포트폴리오 평가 등은 결과물의 외형적 평가에만 치중하지 말고, 역사 지식과 역사적 사고 능력을 얼마나 잘 활용하고 있는가의 학습 과정에 대해서도 평가해야 한다.

(9) 교사는 학습자의 성취도와 연관하여 교수·학습 방법의 타당성 여부 등을 자기 성찰적 자세로 점검해 보아야 한다.

5. 통합사회

1) 성격

통합사회는 인간, 사회, 국가, 지구 공동체 및 환경을 개별 학문의 경계를 넘어 통합적인 관점에서 이해하고, 이를 기반으로 기초 소양과 미래 사회의 대비에 필요한 역량을 함양하는 과목이다. 통합사회는 단순히 지식 중심의 교육에 머무르는 것이 아니라 다양한 활동을 통해 지식, 기능, 가치·태도, 행동을 통합적으로 학습하는 것을 지향한다.

통합사회는 중학교 사회(역사 포함)/도덕 교과(군) 및 고등학교 선택 과목과 긴밀한 연계를 갖도록 구성하며, 시간적, 공간적, 사회적, 윤리적 관점이 조화와 균형을 이루면서 '삶의 이해와 환경', '인간과 공동체', '사회 변화와 공존'의 영역 안에서 행복, 자연환경, 생활공간, 인권, 시장, 정의, 문화, 세계화, 지속가능한 삶과 같은 주요 핵심 개념을 다룬다.

통합사회는 학생들에게 다양한 홍미와 호기심을 유발할 수 있는 내용을 제시하여 관찰, 조사, 분석, 해석, 탐구와 성찰, 토의와 토론, 논술, 프로젝트 학습, 현장 체험 학습 등 경험 및 참여 중심의 활동이 가능하도록 학습량을 적정화하고, 효과적인 교수·학습과 평가 방법 및 유의 사항을 제시한다.

통합사회는 글로벌 지식 정보 사회와 개인의 일상에서 성공적으로 삶을 영위하기 위해 필요한 비판적 사고력 및 창의성, 문제 해결 능력과 의사 결정 능력, 자기 존중 및 대인 관계 능력, 공동체적 역량, 통합적 사고력 등과 같은 교과 역량을 육성하는 데 중점을 둔다. 여기서 비판적 사고력 및 창의성은 자료, 주장, 판단, 신념, 사상, 이론 등이 합당한 근거에 기반을 두고 그 적합성과 타당성을 평가하는 능력과 새롭고 가치 있는 아이디어를 생성해 내는 능력을 의미한다. 문제 해결 능력과 의사 결정 능력은 다양한 문제를 인식하고 그 원인과 현상을 파악하여 합리적인 해결 방안들을 모색하고 가장 나은 의견을 선택하는 능력을 의미한다. 자기 존중 및 대인 관계 능력은 자기 자신을 존중하고 자신의 삶을 주체적으로 관리하며, 나와 다른 사람들과의 관계의 중요성에 대한 인식을 토대로 다른 사람을 존중·배려하고, 다양성을 인정하고 갈등을 조정하여 원만한 대인 관계를 유지하고 협력하는 능력을 의미한다. 공동체적 역량은 지역, 국가, 세계 등 다양한 공동체의 구성원으로 필요한 지식과 관점을 인식하고, 가치와 태도를 내면화하여 실천하면서 공동체의 문제 해결 및 발전을 위해 자신의 역할과 책임을 다하는 능력을 의미한다. 통합적 사고력은 시간적, 공간적, 사회적, 윤리적 관점에 대한 폭넓은 기초 지식을 바탕으로 자신, 사회, 세계의 다양한 현상을 통합적으로 탐구하는 능력을 의미한다.

2) 목표

통합사회는 사회과와 도덕과의 교육 목표를 바탕으로 통합 과목으로서 다음과 같은 구체적인 목표를 갖는다.

가. 시간적, 공간적, 사회적, 윤리적 관점을 통해 인간의 삶과 사회현상을 통합적으로 바라보는 능력을 기른다.

나. 인간과 자신의 삶, 이를 둘러싼 다양한 공간, 그리고 복합적인 사회현상을 과거의 경험, 사실 자료와 다양한 가치 등을 고려하면서 탐구하고 성찰하는 능력을 기른다.

다. 일상생활과 사회에서 발생하는 다양한 문제에 대한 합리적인 해결 방안을 모색하고 이를 통해 공동체 구성원으로서 자신의 삶을 통합적인 관점에서 성찰하고 설계하는 능력을 기른다.

3) 내용체계

영역	핵심 개념	일반화된 지식	내용 요소	기능
삶의 이해와 환경	행복	질 높은 정주 환경의 조성, 경제적 안정, 민주주의의 발전 그리고 도덕적 실천 등을 통해 인간 삶의 목적으로서 행복을 실현한다.	• 통합적 관점 • 행복의 조건	파악하기 설명하기 조사하기 비교하기 분석하기 제안하기 적용하기 추론하기 분류하기 예측하기 탐구하기 평가하기 비판하기 종합하기 판단하기 성찰하기 표현하기
	자연환경	자연환경은 인간의 삶의 방식과 자연에 대한 인간의 대응방식에 영향을 미친다.	• 자연환경과 인간 생활 • 자연관 • 환경 문제	
	생활공간	생활공간 및 생활양식의 변화로 나타난 문제에 대한 적절한 대응이 필요하다.	• 도시화 • 산업화 • 정보화	
인간과 공동체	인권	근대 시민 혁명 이후 확립된 인권이 사회제도적 장치와 의식적 노력으로 확장되고 있다.	• 시민 혁명 • 인권 보장 • 인권 문제	
	시장	시장경제 운영 과정에서 나타난 문제 해결을 위해서는 다양한 주체들이 윤리 의식을 가져야 하며, 경제 문제에 대해 합리적인 선택을 해야 한다.	• 합리적 선택 • 국제 분업 • 금융 설계	
	정의	정의의 실현과 불평등 현상 완화를 위해서는 다양한 제도와 실천 방안이 요구된다.	• 정의의 의미 • 정의관 • 사회 및 공간 불평등	
사회 변화와 공존	문화	문화의 형성과 교류를 통해 나타나는 다양한 문화권과 다문화 사회를 이해하기 위해서는 바람직한 문화 인식 태도가 필요하다.	• 문화권 • 문화 변동 • 다문화 사회	
	세계화	세계화로 인한 문제와 국제 분쟁을 해결하기 위해서는 국제 사회의 협력과 세계시민 의식이 필요하다.	• 세계화 • 국제사회 행위 주체 • 평화	
	지속 가능한 삶	미래 지구촌이 당면할 문제를 예상하고 이의 해결을 통해 지속가능한 발전을 추구한다.	• 인구 문제 • 지속가능한 발전 • 미래 삶의 방향	

4) 성취기준(예)

[3. 사회 변화와 공존]

(7) 문화와 다양성

이 단원은 "다양한 문화권의 특징은 무엇이며, 문화 다양성을 어떻게 유지해야 할까?"라는 핵심 질문의 답을 찾아가는 과정으로, 이 단원에서는 문화의 형성과 교류를 통해 나타나는 다양한 문화권과 다문화 사회를 이해하기 위해서는 바람직한 문화 인식 태도가 필요함을 파악하고자 한다.

[10통사07-01] 자연환경과 인문환경의 영향을 받아 형성된 다양한 문화권의 특징과 삶의 방식을 탐구한다.

[10통사07-02] 문화 변동의 다양한 양상을 이해하고, 현대사회에서 전통문화가 갖는 의의를 파악한다.

[10통사07-03] 문화적 차이에 대한 상대주의적 태도의 필요성을 이해하고, 보편 윤리의 차원에서 자문화와 타문화를 성찰한다.

[10통사07-04] 다문화 사회에서 나타날 수 있는 갈등을 해결하기 위한 방안을 모색하고, 문화적 다양성을 존중하는 태도를 갖는다.

(가) 학습 요소

문화권, 문화 변동, 문화 상대주의, 보편 윤리, 다문화 사회

(나) 성취기준 해설

[10통사07-01]에서 문화권은 문화적 특성이 유사하게 나타나는 지표 공간을 의미하는데, 문화권의 형성에 영향을 주는 요인으로 자연환경은 기후와 지형을, 인문환경은 종교와 산업에 초점을 두어 다룬다. 그리고 자연환경과 인문환경의 영향을 받아 형성된 다양한 문화권의 특징과 삶의 방식은 비교 문화의 관점에서 고찰하도록 한다.

[10통사07-02]에서는 문화 병존, 문화 융합, 문화 동화 등 문화 변동의 다양한 양상을 구체적인 사례를 통해 다루도록 하며, 현대사회에서 전통문화가 갖는 의의와 더불어 전통문화를 창조적으로 계승·발전시키기 위한 방안에 대해서도 언급한다.

[10통사07-03]에서는 지역에 따라 문화적 차이가 나타나는 맥락을 파악하게 함으로써 문화 상대주의의 필요성을 인식할 수 있도록 하며, 자문화와 타문화를 보편 윤리 차원에서 성찰함으로써 극단적 문화 상대주의로 흐르지 않도록 경계한다.

[10통사07-04]에서는 다문화 사회의 갈등 해결 방안을 다룰 때, 다문화 사회의 갈등만을 부각하기보다는 긍정적 측면도 함께 다루면서 다문화 사회의 모습을 다룰 수 있도록 한다. 그리고 다문화 사회의 갈등 해결 방안은 문화 다양성의 존중과 관련지어 모색하도록 한다.

(다) 교수·학습 방법 및 유의 사항

모둠 활동을 통해 다양한 문화권의 특징과 삶의 방식을 조사하고 이를 지도에 나타낼 수 있으며, 문화 변동에 관한 다양한 사례를 찾아 분석하게 함으로써 그 변동 양상을 유형화할 수 있다.

역할극을 통해 문화 상대주의의 필요성을 깨닫고, 프로젝트 수행을 통해 특정 문화 현상이 나타나게 된 맥락을 찾아낼 수 있다.

브레인스토밍이나 토론 수업, 논술 등을 통해 현대사회에서 전통문화가 갖는 의의, 다문화 사회의 갈등 해소 방안을 찾아낼 수 있다.

(라) 평가 방법 및 유의 사항

다양한 문화권의 특징, 다양한 문화 변동 양상, 문화 상대주의의 의의 등을 서술하는 능력을 평가할 수 있다.

역할극, 브레인스토밍, 토론 수업으로 진행된 교수·학습의 경우 평가가 수업 중의 활동과 함께 이루어질 수 있도록 한다.

프로젝트 학습이나 논술은 평가 기준에 대한 안내를 학생들에게 미리 제공하여 학생들이 숙지할 수 있도록 한다. 이 경우 자료 선정 및 논거의 타당성, 내용 전개의 논리성 등을 평가 내용에 포함시킴으로써 학생들의 프로젝트 수행 과정 및 논리적 사고 과정을 일정한 기준에 의거하여 측정하도록 한다.

〈탐구 주제 및 활동(예시)〉

문화권별로 정치, 경제, 종교 등의 측면에서 어떤 특징이 나타나고 있는지를 조사하고, 이를 세계지도에 나타낸다.

과거 다양한 문화권에서 민족과 종교의 공존을 지향한 사례(서아시아와 남아시아 등)를 조사하고, 해당 지역의 현재 사회에서 찾아볼 수 있는 다양한 문화에 대해 발표한다.

각 지역에 나타난 문화 경관 사례(강화도의 성공회 성당 등)를 문화 변동 양상과 관련지어 분석한다.

다문화 사회의 갈등을 해소하기 위한 다양한 관점을 드러내는 글을 분석하게 한 후, 어떤 관점이 미래 한국 사회의 통합에 가장 바람직한지를 논술한다.

우리나라가 다문화 사회로 변화하면서 달라진 점(외국 음식점, 다문화 지원 정책, 광고 등)을 조사하여 이러한 변화가 가져온 긍정적 측면과 부정적 측면을 비교한다.

5) 교수 · 학습 방향

통합사회에서는 시 · 공간적으로 다르게 나타나는 다양한 사회현상에 대한 이해와 가치 판단을 통해서 세계화 및 정보화 사회에 대한 통합적인 인식과 비판적 사고력을 기르도록 해야 한다. 이를 위해서는 통합사회에서 추구하는 교과 역량을 기반으로 하여 일상생활과 학습의 경험을 통합하고 학습자 상호 간 의사소통할 수 있도록 교수 · 학습 방법이 제공되어야 한다.

(1) 중학교 사회(역사 포함)/도덕 교과(군) 및 고등학교 선택 과목과 연계하여 지도한다.

(2) 단순 사실의 암기나 특정 영역의 지식보다는 일상생활의 시 · 공간을 통해 나타나는 다양한 사회적 현상과 그와 관련된 가치 · 태도를 통합적으로 연계하고, 학습자가 습득한 기존 지식 체계를 토대로 시 · 공간적 인식, 사회 · 도덕적 사고를 통합할 수 있도록 지도한다.

(3) 일상생활과 관련한 적절한 문제 상황을 설정하고 사회현상을 통합적 관점에서 이해하고 종합할 수 있는 능력을 신장할 수 있는 협동 학습 방안을 모색하여 지도한다.

(4) 학생들이 사회현상을 다양한 규모에서 인식하고, 이를 토대로 관련된 문제를 해결할 수 있는 능력을 기르는 동시에 바람직한 가치관을 형성할 수 있도록 창의적인 학습 지도 방안을 모색한다.
(5) 학습 내용의 이해와 더불어 학습자들이 통합사회의 내용 요소 및 텍스트에 대한 쓰기, 읽기, 말하기 등 다양한 사회적 의사소통 능력을 함양할 수 있도록 지도한다.
(6) 탐구 학습, 현장 답사와 체험 학습, 사례 조사 학습, 시뮬레이션 학습, 토론과 토의 학습, 프로젝트 학습 등의 다양한 교수·학습 방법과 전략을 활용하여 지도한다.
(7) 학습자의 학업 성취수준, 흥미, 사회적 요구 등을 고려하여 교육 현장에 적합한 주제와 사례를 중심으로 지도, 도표, 영화, 슬라이드, 통계, 연표, 사료, 연감, 신문, 방송, 사진, 기록물, 여행기, 탐험기 등의 다양한 교수·학습 자료를 활용함으로써, 이해와 흥미를 제고하는 방안을 모색하여 지도한다.

6) 평가 방향

통합사회의 교과 역량, 일반화된 지식, 내용 요소를 중심으로 다양한 평가가 이루어져야 한다. 이를 위해서는 사회현상에 대한 종합적 이해 정도와 사회현상을 통합적으로 탐구하는 데 필요한 각종 정보와 자료를 획득, 조직, 활용하는 능력을 평가하도록 한다.

6. 한국사

1) 성격

'한국사'는 우리 역사가 형성 · 발전되어 온 과정을 이해하여 역사적으로 사고하고 현대 사회를 통찰할 수 있는 능력을 기르기 위한 과목이다. 우리 민족이 역사 속에서 발휘해 온 역량을 주체적이고 비판적으로 이해하여 21세기 우리 역사를 능동적으로 이끌어 나갈 수 있는 자질을 기르도록 한다. 우리의 역사와 문화에 대한 이해를 바탕으로 한국인으로서의 자부심과 정체성을 가진 세계인으로 성장하게 한다. 아울러 주체적인 한국인으로서 세계화에 부응하여 인류 역사 전개에 능동적으로 참여할 수 있는 자질을 갖추게 한다.

이 과목은 초등학교와 중학교에서 학습한 역사에 대한 지식을 바탕으로 한국사에 대한 통사적 이해를 도모하여 그 특성을 심층적으로 파악하도록 한다. 또한 다양한 탐구 자료를 중심으로 구성하여 역사적 사고력과 역사 인식을 함양하는 데 중점을 둔다.

'한국사' 과목은 역사 사실 이해, 역사 자료 분석과 해석, 역사 정보 활용 및 의사소통, 역사적 판단력과 문제 해결 능력, 정체성과 상호 존중을 중요한 역량으로 삼고 있다.

역사 사실 이해는 과거의 사건, 인물, 구조, 변화 등에 대한 지식을 습득하고 중요한 역사 용어나 개념을 이해하는 능력을 의미한다. 역사 자료 분석과 해석은 역사 자료를 읽고 이를 비판적으로 검토하여 역사 지식을 구성하는 능력을 의미한다. 역사 정보 활용 및 의사소통은 다양한 매체를 통해 얻은 역사 정보를 분석, 토론, 종합, 평가하는 능력을 의미한다. 역사적 판단력과 문제 해결 능력은 과거 사례에 비추어 오늘날의 문제를 해결하는 능력을 의미한다. 정체성과 상호 존중은 우리 역사와 세계 역사에 대한 이해를 바탕으로, 우리의 관점에서 오늘날 요구되는 역사 의식을 함양하고 타인을 이해하고 존중하는 태도를 갖는 능력을 의미한다.

2) 목표

'한국사'는 우리 역사가 형성·발전되어 현재에 이르기까지의 전 과정을 다룬다. 이를 바탕으로 한국사가 세계사의 발전 과정 속에서 형성된 역사의 산물임을 파악하고, 현재 한국인의 삶을 심층적으로 이해하는 것을 목표로 한다. 아울러 한국사의 흐름과 역사적 사실에 대한 깊은 이해를 통해 역사적 사고력을 함양하여 현재를 통찰할 수 있는 능력을 기르도록 한다. '한국사'의 구체적인 목표는 다음과 같다.

가. 중학교에서 학습한 역사적 지식을 바탕으로 정치사를 중심으로 경제·사회·문화사를 아우르면서 한국사의 특성을 분석하여 종합적으로 인식한다.

나. 오늘날의 우리 삶이 역사의 산물임을 이해하고 한국사에 대한 이해를 바탕으로 현대 사회를 역사적으로 인식한다.

다. 우리 민족이 외부 세계와 교류하고 발전하는 과정에서 다양한 문화적 성격을 가짐과 동시에 한국인으로서의 정체성을 유지해 왔음을 인식한다.

라. 한국사와 관련된 자료를 분석하고 비판하는 종합적인 탐구 활동을 통해 역사적 사고력을 키운다.

마. 우리가 역사의 주체임을 인식하여 현대 사회의 발전에 능동적으로 참여하는 태도를 기른다.

3) 내용 체계

대주제	소주제
우리 역사의 형성과 고조선의 성립	○ 역사의 의미와 역사 학습의 목적
	○ 만주와 한반도 지역의 선사 문화
	○ 고조선의 발전과 여러 나라의 성장
고대 국가의 발전	○ 삼국의 성장과 가야
	○ 삼국 간의 경쟁과 신라의 삼국 통일
	○ 남북국의 성립과 발전
	○ 고대의 문화와 대외 교류
고려의 성립과 발전	○ 고려의 성립과 통치 체제의 정비
	○ 무신 정권의 성립과 농민·천민의 봉기
	○ 대몽 항쟁과 반원 자주화의 노력
	○ 고려 문화와 대외 교류
조선의 성립과 발전	○ 조선의 통치 체제 정비
	○ 왜란과 호란
	○ 정치 운영의 변화와 사회·경제적 변동
	○ 사상과 문화의 변화
국제 질서의 변동과 근대 국가 수립 운동	○ 개항과 개화 정책의 실시
	○ 근대 국가 수립 노력
	○ 일제의 침략과 국권 수호 운동의 전개
	○ 독도와 간도
일제 강점과 민족 운동의 전개	○ 1910년대 일제의 식민 통치와 3·1 운동
	○ 1920년대 일제의 식민 통치와 국내외 민족 운동
	○ 1930년대 이후 일제의 식민 통치와 국내외 민족 운동
대한민국의 발전과 현대 세계의 변화	○ 대한민국 수립과 6·25 전쟁
	○ 자유 민주주의의 발전
	○ 경제 성장과 사회·문화의 변화
	○ 북한의 변화와 남북 간의 평화 통일 노력
	○ 현대 세계의 변화

4) 성취기준(예)

(1) 우리 역사의 형성과 고조선의 성립

역사 학습의 목적, 인류의 출현 이후 문명의 전개, 국가의 형성과 발전 상황 등을 다룬다. 역사를 현재의 삶과 관련하여 미래 지향적으로 인식하도록 한다. 역사적 상상력을 바탕으로 선사 시대 사람들의 삶을 유추해 본다. 이러한 학습의 연속선에서 우리나라 최초의 국가인 고조선의 성립과 그 이후 등장한 여러 나라들의 모습을 살펴본다.

[10한사01-01] 역사란 무엇인지 그 의미를 알고, 과거를 현재의 삶과 관련지어 인식함으로써 역사를 학습하는 목적을 이해한다.

[10한사01-02] 선사 문화의 세계사적 흐름 속에서 한반도와 그 주변 지역에서 살았던 구석기 시대와 신석기 시대 사람들의 생활 모습을 비교한다.

[10한사01-03] 고조선의 건국과 발전 과정을 이해하고, 만주와 한반도 지역에 등장한 부여, 고구려, 옥저, 동예, 삼한 등 여러 나라의 사회 모습과 풍속을 비교한다.

(가) 학습 요소

소주제	학습 요소
역사의 의미와 역사 학습의 목적	역사의 의미, 역사의 현재성, 역사 학습의 목적, 과거·현재·미래의 관계
만주와 한반도 지역의 선사 문화	구석기 문화, 뗀석기, 주먹 도끼, 신석기 문화, 간석기, 빗살무늬 토기, 신석기 혁명, 움집
고조선의 발전과 여러 나라의 성장	청동기 문화, 비파형 동검, 민무늬 토기, 미송리식 토기, 계급 발생, 군장(족장) 출현, 고인돌, 세형동검, 반달 돌칼, 단군 신화, 위만, 8조법, 부여·고구려·옥저·동예·삼한의 사회와 문화

(나) 성취기준 해설

[10한사01-03] 신석기 시대와 청동기 시대 사람들의 혈연적·문화적 관계를 살펴봄으로써 한민족의 형성 문제를 고찰한다. 청동기 문화의 발전 모습과 함께 고조선의 등장과 발전을 이해한다. 중국 한 제국과 장기간의 전쟁을 수행했던 고조선의 멸망 이후, 부여, 고구려, 옥저, 동예 및 삼한의 문화적 발전상을 검토한다.

(다) 교수 · 학습 방법 및 유의 사항

구석기 시대에서 철기 시대에 이르기까지 시기별 유물 및 유적 사진을 제시하여 시대별 차이점을 이해하도록 한다. 고조선의 건국과 8조법 등과 관련된 사료 학습을 통해 고조선의 사회 모습을 파악하도록 한다. 또한 부여, 고구려, 옥저, 동예, 삼한 사회의 풍속을 알려주는 사료를 읽게 한 후 공통점과 차이점을 파악하도록 한다. 이때 이들 나라가 위치한 곳을 알려주는 지도를 활용하여 지리적인 위치가 나라의 발전에 어떤 영향을 주었는지 살펴보도록 한다.

(라) 평가 방법 및 유의 사항

박물관을 견학하여 구석기 시대에서 철기 시대에 이르는 시기와 관련된 유물의 특징을 조사한 뒤 보고서를 제출하게 한다. 단군의 고조선 건국 이야기, 8조법의 내용을 통해 파악할 수 있는 고조선 사회의 특징을 구술시험을 통해 평가할 수 있다. 철기 문화를 바탕으로 성립한 여러 나라의 사료를 분석하여 각 나라의 풍속을 파악할 수 있는지 평가할 수 있다. 한편 철기 시대에 성립된 여러 나라들의 지리적 위치와 국가 발전의 상관관계를 서술하는 평가를 실시할 수 있다.

(2) 일제 강점과 민족 운동의 전개

국권 피탈 이후부터 8 · 15 광복 이전까지를 다룬다. 일제 강점기 각 시기별 일제의 통치 방식을 살펴보고, 당시 우리 민족이 국내외에서 전개한 민족 운동의 흐름을 파악한다. 일제의 침략 전쟁이 확대되는 가운데 우리의 민족 운동과 건국 준비 활동이 꾸준히 전개되었음을 파악한다.

[10한사06-01]	1910년대 일제의 식민 지배 정책과 국내외에서 전개된 민족 운동을 살펴보고, 3 · 1 운동과 이를 계기로 수립된 대한민국 임시 정부의 역사적 의의를 파악한다.
[10한사06-02]	3 · 1 운동 이후 일제 식민 지배 정책의 변화를 살펴보고, 1920년대 국내외에서 전개된 민족 운동의 흐름과 특징을 탐구한다.
[10한사06-03]	1930년대 이후 일제가 추진한 징병, 징용, 일본군 '위안부' 강제 동원 등의 전시 수탈과 우리말 사용 금지와 같은 민족 말살 정책을 파악하고, 1930~1940년대 국내외 민족 운동의 흐름과 건국 준비 활동을 이해한다.

(가) 학습 요소

소주제	학습 요소
1910년대 일제의 식민 통치와 3·1 운동	조선 총독부, 무단 통치, 헌병 경찰 제도, 조선 태형령, 토지 조사 사업, 3·1 운동, 대한민국 임시 정부
1920년대 일제의 식민 통치와 국내외 민족 운동	'문화 통치', 산미 증식 계획, 실력 양성 운동, 6·10 만세 운동, 민족 유일당 운동, 신간회, 광주 학생 항일 운동, 사회·경제 운동, 봉오동 전투, 청산리 대첩, 3부 통합 운동, 의열단
1930년대 이후 일제의 식민 통치와 국내외 민족 운동	민족 말살 통치, 황국 신민화 정책, 전시 수탈, 일본군'위안부', 민족 문화 수호 운동, 한·중 연합 작전, 한인 애국단, 민족 혁명당, 조선 의용대, 충칭 대한민국 임시 정부, 한국 광복군, 대한민국 건국 강령, 조선 독립 동맹, 조선 건국 동맹

(나) 성취기준 해설

[10한사06-01] 대한 제국을 강점한 일제가 조선 총독부를 설치하고 헌병 경찰 제도를 통해 무단 통치를 실시하는 한편, 토지 조사 사업을 통해 식민지 재정을 확충하는 등 식민지 지배 체제를 구축하였음을 파악한다. 이에 맞서 우리 민족의 독립 의지를 세계에 알린 일제 강점기 최대의 민족 운동인 3·1 운동이 일어났으며, 그 영향으로 민족 독립 운동의 구심점이 필요하다는 인식이 제기되어 대한민국 임시 정부가 수립되었음을 파악한다.

(다) 교수·학습 방법 및 유의 사항

일제 강점기를 배경으로 한 문학 작품을 통해 당시의 사회 분위기와 사람들의 생활상을 추체험할 수 있다. 주요 독립 운동가들에 대한 인물 학습을 통해 그 시대와 인물에 대한 이해를 동시에 심화시킨다. 마인드맵 방식을 활용하여 대표적인 독립 운동 노선별로 주요 단체들의 경향과 변화를 정리할 수 있다.

(라) 평가 방법 및 유의 사항

일제 강점기를 배경으로 하는 역사 소설을 읽고 독후감 쓰기를 하거나 가상 역사 일기 쓰기를 통해 역사적 사실의 이해도와 더불어 역사적 상상력 등을 동시에 평가할 수 있다. 독립 운동을 마인드맵으로 작성할 때는 일관성 있는 기준으로 계열화했는가와 주요 학습 요소가 포함되어 있는가를 평가한다.

(3) 대한민국의 발전과 현대 세계의 변화

8 · 15 광복부터 현재까지를 다룬다. 제2차 세계 대전 이후 미국과 소련을 중심으로 세계 질서가 재편되고 냉전이 시작되는 속에서 대한민국이 수립되는 과정, 북한 정권의 전면적 남침으로 발발한 6 · 25 전쟁의 전개 과정, 그리고 전쟁으로 인한 피해를 살펴본다. 전후 권위주의 체제에 저항하며 자유 민주주의적 기본 가치를 실현하고자 했던 민주화 운동의 결과로 이룩된 민주주의의 발전 과정과 눈부신 고도 경제 성장의 과정 및 그로 인한 사회 · 문화의 변화상을 살펴본다. 또한 1980년대 후반 사회주의 체제의 붕괴와 탈냉전, 세계화의 흐름 속에서 대한민국의 국제적 위상이 높아졌음을 확인하고, 동북아시아의 역사 갈등과 과거사 문제 등에 대해 올바른 해결 방안을 모색한다.

[10한사07-01] 8 · 15 광복 이후 전개된 대한민국의 수립 과정을 파악하고, 6 · 25 전쟁의 발발 배경 및 전개 과정과 전후 복구 노력을 살펴본다.

[10한사07-02] 4 · 19 혁명으로부터 오늘날까지 이룩한 자유 민주주의의 발전 과정을 이해한다.

[10한사07-03] 경제 성장의 성과 및 과제를 이해하고, 그 과정에서 나타난 사회 · 문화의 변화 내용을 설명한다.

[10한사07-04] 북한 사회의 변화와 오늘날의 실상을 살펴보고, 평화 통일을 위해 남북한 사이에서 전개된 화해와 협력의 노력을 탐구한다.

[10한사07-05] 동북아시아의 역사 갈등, 과거사 문제 등을 탐구하여 올바른 해결 방안을 모색하고, 일본의 독도 영유권 주장을 논리적으로 반박한다.

(가) 학습 요소

소주제	학습 요소
대한민국 수립과 6 · 25 전쟁	냉전, 조선 건국 준비 위원회, 모스크바 3국 외무 장관 회의, 찬 · 반탁, 미 · 소 공동 위원회, 좌우 합작 운동, 제주 4 · 3 사건, 남북 협상, 5 · 10 총선거, 제헌 헌법, 대한민국 수립, 반민족 행위 특별 조사 위원회, 농지 개혁, 북한 정권 수립, 북한군의 남침, 유엔군 참전, 인천 상륙 작전, 중국군 참전, 1 · 4 후퇴, 정전 협정, 이산가족, 한 · 미 상호 방위 조약

소주제	학습 요소
자유 민주주의의 발전	발췌 개헌, 사사오입 개헌, 3·15 부정 선거, 4·19 혁명, 장면 내각, 5·16 군사 정변, 한·일 협정, 베트남 파병, 유신 체제, 부·마 민주 항쟁, 5·18 민주화 운동, 6월 민주 항쟁, 6·29 민주화 선언, 대통령 직선제 개헌
경제 성장과 사회·문화의 변화	원조 경제, 삼백 산업, 경제 개발 5개년 계획, 수출 제일주의 정책, 중화학 공업화 정책, 중동 건설, 3저 호황, 신자유주의 정책, OECD 가입, 외환 위기 극복, 새마을 운동, 전태일 분신 사건, 도시화, 사회 양극화, 대중문화
북한의 변화와 남북 간의 평화 통일 노력	주체사상과 세습 체제, 천리마 운동, 7·4 남북 공동 성명, 이산가족 상봉, 남북한 동시 유엔 가입, 남북 기본 합의서, 6·15 남북 공동 선언, 탈북자
현대 세계의 변화	샌프란시스코 강화 조약, 전후 보상 문제, 일본군 '위안부', 독도 수호, 동북 공정

(나) 성취기준 해설

[10한사07-05] 동북아시아의 긴장을 고조시키는 영토 문제, 역사 갈등, 과거사 문제 등을 구체적인 사례를 통해 파악하게 한다. 중국의 동북공정, 일본군'위안부' 문제, 일본의 독도에 대한 부당한 영유권 주장 등이 그 예에 해당된다. 독도는 역사적으로 명백한 우리의 고유 영토이며, 현재 우리가 실질적으로 지배하고 있다. 그러므로 독도에 대해서는 영유권 문제가 아니라 역사 문제로 접근하여야 하며, 일본의 독도 영유권 주장을 논리적으로 반박할 수 있는 올바른 역사관과 주권 의식을 확립할 수 있도록 한다. 아울러 이들 문제에 대한 역사적 탐구와 인식을 바탕으로 동북아시아의 평화와 공동 번영을 모색하는 자세를 기르도록 한다.

(다) 교수·학습 방법 및 유의 사항

6·25 전쟁의 전황이 나타난 지도를 제시하여 전쟁의 전개 과정을 파악하도록 하고, 당시의 사진 자료를 활용하여 전쟁의 참상을 이해하도록 한다. 여러 민주화 운동 당시 발표된 자료를 바탕으로 사료 학습을 실시하여 당시 제기된 민주화 요구를 파악하는 수업을 할 수 있다. 남북한 사이에 전개된 평화 통일 노력을 각 모둠별로 역사신문으로 제작하여 발표하는 시간을 가질 수 있다. 이때 학생들이 평화 통일의 당위성과 앞으로의 통일 정책에 대해 생각해 보도록 한다.

(라) 평가 방법 및 유의 사항

민주화 운동과 관련된 사료 학습 후 질문지를 풀게 하여 사료 내용을 정확히 이해하고 있는가를 평가할 수 있다. 남북한의 평화 통일 노력을 주제로 제작한 역사신문의 결과 평가, 통일 노력의 성과물을 정리한 포트폴리오 평가 등을 평가 방법으로 활용할 수 있다. 역사신문 만들기 수업에 따른 결과물 평가는 역사신문에 실린 내용이 평화 통일 노력이라는 주제에 부합하는지의 여부와 사실의 정확도 등을 평가할 수 있다.

5) 교수 · 학습 방향

(1) 한국사의 기본적인 흐름을 파악함으로써 한국사에 대한 균형 잡힌 역사 의식을 함양하도록 한다.

(2) 역사적 맥락을 파악하는 역사적 사고력을 길러 일상생활에서 활용할 수 있도록 한다.

(3) 학습자가 자기 주도적으로 수업에 참여할 수 있도록 다양한 학습 경험을 제공한다.

(4) 학습 내용에 따라 개념 학습, 사료 학습, 주제 학습, 인물 학습, 탐구 학습, 토론 학습, 정보 통신 기술 활용 학습, 협동 학습, 문제 중심 학습, 프로젝트 학습 등 다양한 교수 · 학습 모형을 활용한다.

(5) 역사 학습에 대한 학습자의 적극적인 참여와 내적 동기 유발을 위해 극화 학습, 제작 학습, 추체험 학습, 프로젝트 학습 등 다양한 교수 · 학습 모형을 활용한다. 또한 토론, 발표, 논술, 조사, 사례 연구 등 다양한 참여 활동을 활용하여 지도한다.

(6) 역사 연구의 기본 자료인 사료뿐만 아니라 지도, 연표, 그림, 도표, 사진 등 시각 자료를 적극 활용하여 생동감 있고 재미있는 수업이 이루어지도록 한다.

(7) 역사적 사건이나 인물을 소재로 한 문학 작품, TV 드라마, 다큐멘터리, 영화 등을 활용하여 학습자의 흥미와 관심을 진작시키고 역사적 상상력을 기른다.

(8) 교육적 · 문화적으로 가치 있는 유물과 표본들을 수집 · 보존 · 전시하는 박물관과 역사 유적을 활용하여 역사적 상상력과 창의력, 탐구력을 기른다. 또한 문화재를 감상하는 능력을 배양할 수 있도록 한다.

(9) 신문 활용 교육, 인터넷 활용 교육, 영화 활용 교육, 이러닝 교육, 블렌디드 러닝 방법 등 다양한 방법을 활용하여 정보화 사회에 요구되는 정보의 처리와 활용 능력을 배양하여 역사 학습에 활용할 수 있도록 한다.

(10) 교과서의 내용을 순차적으로 똑같은 비중으로 다루기보다 교사의 교과 전문성을 살려 주제의 순서를 조정하거나 몇 개의 주제를 합하여 새롭게 구성하는 방안 또는 하나의 주제를 심도 있게 다루는 방안을 고려한다.

(11) 문학 작품, TV 드라마, 다큐멘터리, 영화 등을 수업 자료로 활용할 경우에는 허구와 역사적 사실을 구별할 수 있도록 한다.

6) 평가 방향

(1) 평가는 교육 내용과 교수 · 학습 방법의 적절성을 진단하는 마무리 과정이므로 교육과정에 제시된 목표, 내용, 교수 · 학습 방법과 일관성을 유지하도록 시행한다.

(2) 역량이 반영된 교육과정의 특성에 맞게 단순 지식의 습득 정도를 평가하는 것에서 벗어나 지식 · 이해 영역뿐만 아니라 기능 영역, 가치 · 태도 영역에 대한 균형 잡힌 평가를 실시한다.

(3) 교과 지식과 수행 능력을 종합적으로 평가하기 위해 양적 평가 방법뿐만 아니라 다양한 질적 평가 방법을 활용한다.

(4) 진단 평가, 형성 평가, 총괄 평가, 서술 · 논술형 평가, 수행평가를 적절하게 활용하여 학습 의욕을 자극하고, 성취도를 높이며, 학습 과정과 평가의 연계성을 높일 수 있도록 한다.

(5) 서술 · 논술형 평가를 통해 역사적 사고력과 비판력 및 창의력을 평가할 수 있다.

(6) 선택 · 서술 · 논술형의 지필 평가 외에 면접, 관찰, 논술, 체크리스트, 포트폴리오 평가 등 여러 가지 양적 · 질적 평가 기법을 활용하여 역사적 능력을 종합적으로 평가하도록 한다.

(7) 수행평가의 타당도와 신뢰도를 확보하기 위해 자기 성찰 평가, 동료 평가, 조별 평가 등 다양한 방법을 활용한다.

(8) 역사 학습 능력의 향상을 위해 평가 결과를 활용하여 학습자의 성취 수준과 교

수·학습에 영향을 미치는 여러 요인을 분석하여 학습자, 교사, 학부모, 교육 관련자에게 제공함으로써 학습자의 역사 학습 능력을 향상시키는 데 활용한다.

(9) 교사는 수업의 질을 개선하기 위하여 학생 평가와 수업 평가의 결과를 분석하여 활용한다.

7. 동아시아사

1) 성격

'동아시아사'는 동아시아 지역에서 전개된 인간 활동과 그 결과로 남겨진 문화유산을 역사적으로 파악함으로써 이 지역에 대한 이해를 증진하고, 나아가 지역의 공동 발전과 평화를 추구하는 안목과 자세를 기르기 위한 과목이다. 선사 시대부터 현대까지 동아시아인이 성취한 문화의 공통성과 상관성을 탐구하여 동아시아 지역의 발전과 평화 정착에 능동적으로 참여할 수 있는 안목과 자질을 기르도록 한다.

우리가 속한 동아시아는 과거부터 지역 내 공동체 상호 간의 긴밀한 교류를 통해 문자, 사상, 제도 등에서 각자의 정체성을 형성해 왔으며, 오늘날 국제 사회에서 차지하는 비중이 급격히 증대되고 있는 역동적인 지역이다. 이와 같은 동아시아의 과거와 현재에 대한 역사적 이해를 통해 객관적이고 균형 잡힌 이해와 분석 능력을 키워 화해와 협력을 바탕으로 동아시아가 공동의 평화와 번영을 이루어 나가는 데 관심을 가지도록 한다.

'동아시아사'는 한국사와 세계사를 연결하는 성격을 갖는 과목이다. 이 과목의 학습을 통하여 보편성과 특수성을 고려한 동아시아 세계의 역사 전개 과정을 파악하고 한국사와 세계사를 심층적으로 이해할 수 있도록 구성한다.

'동아시아사' 과목은 역사 사실 이해, 역사 자료 분석과 해석, 역사 정보 활용 및 의사소통, 역사적 판단력과 문제 해결 능력, 정체성과 상호 존중을 중요한 역량으로 삼고 있다.

역사 사실 이해는 과거의 사건, 인물, 구조, 변화 등에 대한 지식을 습득하고 중요한 역사 용어나 개념을 이해하는 능력을 의미한다. 역사 자료 분석과 해석은 역사 자료를 읽고 이를 비판적으로 검토하여 역사 지식을 구성하는 능력을 의미한다. 역사 정보 활용 및 의사소통은 다양한 매체를 통해 얻은 역사 정보를 분석, 토론, 종합·평가하는 능력을 의미한다. 역사적 판단력과 문제 해결 능력은 과거 사례에 비추어 오늘날의 문제를 해결하는 능력을 의미한다. 정체성과 상호 존중은 우리 역사와 세계 역사에 대한 이해를 바탕으로, 우리의 관점에서 오늘날 요구되는 역사 의식을 함양하고 타인을 이해하고 존중하는 태도를 갖는 능력을 의미한다.

2) 목표

'동아시아사'는 동아시아의 과거와 현재에 대해 통합적이고 균형 잡힌 역사 이해를 도모하고 상호 발전과 평화를 추구하는 자세를 기름으로써 상호 협력의 전통을 더욱 강화한다. 나아가 동아시아 세계의 지속적인 발전과 항구적인 평화 정착에 이바지하는 것을 목표로 한다.

이를 위해 동아시아 사회의 형성과 전개 과정을 역사적 단계에 맞게 시기를 구분하고, 시기별로 해당 지역에서 공통적으로 나타나거나 비교의 대상이 될 수 있는 몇 개의 주제를 설정하여 지역 전체의 역사상을 조망할 수 있도록 구성한다.

'동아시아사'는 동아시아 지역의 역사 전개 과정을 주체적이고 개방적인 관점에서 종합적이고 체계적으로 파악하여 이 지역의 문화적 특성을 이해하고 현존하는 과제를 올바로 인식하는 데 목표를 둔다. 우리나라를 포함한 동아시아 지역의 역사와 문화를 폭 넓게 이해하며, 다양한 관점을 가지고 자료를 분석 · 활용함으로써 역사적 사고력과 역사 의식을 기르도록 한다. 나아가 동아시아 지역에 현존하는 갈등을 해소하는 데 힘쓰며 지역의 상호 발전과 평화에 이바지하는 자세를 가지도록 한다. '동아시아사' 과목의 구체적인 목표는 다음과 같다.

가. 통합적이고 균형 잡힌 시각으로 동아시아 역사를 파악하여 이 지역의 특성을 이해하는 안목을 기른다.

나. 시기별 사회와 문화의 특징을 드러내는 공통적인 요소와 함께 각국의 독자적

요소를 주제별로 접근하여 이해한다.

다. 동아시아 역사와 문화의 다양성을 탐구하여 그 특징을 파악하고, 타자를 이해하고 존중하는 태도를 함양한다.

라. 동아시아 역사 전개 과정에서 나타난 갈등 요소를 탐구하고, 이를 해소하여 상호 발전을 모색하는 자세를 갖는다.

마. 주제와 관련된 자료를 비교 · 분석 · 비판 · 종합하는 활동을 통해 역사적 사고력을 신장한다.

3) 내용 체계

대주제	소주제
동아시아 역사의 시작	ㅇ 동아시아와 동아시아사
	ㅇ 자연 환경과 생업
	ㅇ 선사 문화
	ㅇ 국가의 성립과 발전
동아시아 세계의 성립과 변화	ㅇ 인구 이동과 정치 · 사회 변동
	ㅇ 국제 관계의 다원화
	ㅇ 유학과 불교
동아시아의 사회 변동과 문화 교류	ㅇ 17세기 전후 동아시아 전쟁
	ㅇ 교역망의 발달과 은 유통
	ㅇ 사회 변동과 서민 문화
동아시아의 근대화 운동과 반제국주의 민족 운동	ㅇ 새로운 국제 질서와 근대화 운동
	ㅇ 제국주의 침략 전쟁과 민족 운동
	ㅇ 서양 문물의 수용
오늘날의 동아시아	ㅇ 제2차 세계 대전 전후 처리와 냉전 체제
	ㅇ 경제 성장과 정치 발전
	ㅇ 갈등과 화해

4) 성취기준(예)

(1) 동아시아 역사의 시작

동아시아가 당면한 역사 인식의 문제를 해결하기 위해 동아시아사 학습의 중요성을 인식한다. 동아시아의 자연 환경 속에서 살아온 사람들의 삶에 대해 농경과 목축을 중심으로 파악한다. 구석기 문화와 신석기 문화를 통하여 동아시아 각국의 다양한 문화를 비교하고, 각 지역에서 국가가 성립하여 발전해가는 과정을 이해한다. 시기는 대체로 선사 시대부터 기원 전후까지를 대상으로 한다.

> [12동사01-01] 동아시아 세계의 범위를 파악하고 각국 간의 관계와 교류의 역사를 이해해야 할 필요성을 인식한다.
> [12동사01-02] 동아시아의 다양한 자연환경을 배경으로 나타난 삶의 모습을 농경과 목축을 중심으로 파악한다.
> [12동사01-03] 구석기 · 신석기 시대의 유물을 중심으로 동아시아에서 다양한 문화가 발전하였음을 이해한다.
> [12동사01-04] 동아시아 지역에서 성립했던 국가들의 발전 과정을 파악한다.

(가) 학습 요소

소주제	학습 요소
동아시아와 동아시아사	동아시아의 범위 동아시아사 학습의 의의
자연환경과 생업	동아시아의 자연환경 농경, 목축
선사 문화	구석기 문화 양사오 문화, 룽산 문화, 훙산 문화, 허무두 문화 한국의 신석기 문화 조몬 문화
국가의 성립과 발전	얼리터우 문화, 비파형 동검, 고인돌, 야요이 문화 하 · 상 · 주, 춘추 · 전국 시대, 진 · 한 흉노 고조선, 부여, 삼한 야마타이 국 만주 · 한반도 국가, 중원 왕조, 흉노 간의 교류와 전쟁

(나) 성취기준 해설

[12동사01-01] 동아시아의 범위를 동서로는 일본 열도에서 티베트 고원까지, 남북으로 베트남에서 몽골 고원으로 정한다. 동아시아사 학습의 의의에서는 동아시아가 당면한 역사 인식의 문제를 해결하기 위하여 각국의 관계와 교류의 역사를 이해할 필요성을

인식시킨다. 이를 통해 동아시아의 평화 공영을 위해 노력하는 태도를 갖도록 한다.

(다) 교수 · 학습 방법 및 유의 사항

동아시아 각국의 역사적 갈등 관계 속에 내재된 주장이나 쟁점을 인식함으로써 동아시아사를 학습하는 이유를 이해하도록 한다. 또한 선사 시대부터 기원 시기 각국의 국가 성립과 발전을 통하여 우리 역사와 동아시아 역사를 이해하고, 그 보편성과 특수성을 인정함으로써 상호 존중하는 태도를 갖도록 한다. '현재 동아시아 국가들이 당면한 문제는 무엇인가?'라는 구체적인 질문을 선정하여 동아시아사를 배우는 이유를 자연스럽게 알 수 있도록 하며, 농경과 목축을 통해 동아시아 지역에서 사람들이 살아가는 모습을 파악하게 한다. 유물과 발굴 지역을 조사하여 구석기 문화의 특징을 이해하고, 각국의 대표적인 유물을 통하여 신석기 문화의 다양성을 확인하고, 각국의 성립과 발전 과정에 대해 스스로 자료를 찾아 파악하도록 한다. 동아시아 국가들은 각기 독자적으로 발전한 것이 아니라, 선사 시대부터 서로 영향을 주고받으며 성장해 왔다. 때로는 갈등과 분쟁을 일으키기도 하였으나, 이를 해소하기 위해 끊임없이 노력해 왔음을 이해할 수 있도록 한다.

(라) 평가 방법 및 유의 사항

'현재 동아시아 국가들이 당면한 문제는 무엇인가?'라는 프로젝트 수업을 실시할 경우 평가는 수업의 결과보다는 스스로 배움을 얻어가는 과정을 평가하는 과정 평가를 실시하는 것이 효과적이다. 과정 평가 중 학습자의 태도와 노력을 관찰하여 학습자간의 소통과 협력, 존중 · 배려 등의 인성과 연결되는 정의적 평가를 겸할 수 있다. 이 과정에서 스스로 역량을 발휘할 수 있도록 지원하며 평가 결과는 피드백을 제공하는 근거로 활용할 수 있다.

논술 평가는 '동아시아 각국의 당면 과제와 해결 방안'을 주제로 5단원과 연계하여 동아시아 각국의 갈등 사례와 근거를 제시하고 그 해결 방안을 논술하게 함으로써 자신의 생각을 논리적으로 표현할 수 있는가를 평가하도록 한다.

(2) 동아시아 세계의 성립과 변화

동아시아 지역의 인구 이동이 여러 원인에 의해 유발되었으며, 그 결과 여러 지역 간의 문화 교류가 증대되고 동아시아 세계가 성립되었음을 파악한다. 특히 조공·책봉을 포함한 다양한 외교 형식이 동아시아 세계에 끼친 영향과 의미를 파악하고 한자를 매개로 하여 율령과 유학에 기초한 통치 체제, 불교 등을 공유하게 되었음을 인식한다. 나아가 각 지역에서 유교·불교·성리학이 수용되는 과정과 그것이 각 지역에 끼친 영향을 상호 비교한다. 시기는 대체로 기원 전후부터 16세기경까지를 대상으로 한다.

[12동사02-01] 인구 이동이 여러 국가와 정치 집단의 형성, 분열, 통합에 영향을 미쳤음을 설명한다.

[12동사02-02] 조공·책봉을 포함한 동아시아의 다양한 외교 형식이 끼친 영향과 의미를 상호적 관점에서 해석한다.

[12동사02-03] 율령 체제의 특징을 파악하고, 각 지역에서 유교·불교·성리학이 수용되는 과정과 영향을 비교한다.

(가) 학습 요소

소주제	학습 요소
인구 이동과 정치·사회 변동	북방 민족의 이동, 한족의 이동, 부여족의 이동, 도왜인 위·진·남북조, 수, 당 삼국 시대, 남북국 시대 야마토 정권, 다이카 개신, 나라 시대, 헤이안 시대
국제 관계의 다원화	조공·책봉 남면관·북면관제, 맹안·모극제, 연운 16주 송과 북방 민족의 관계, 고려와 송의 관계, 고려와 북방 민족의 관계, 화번 공주 몽골의 정복 전쟁, 역참 제도, 가마쿠라 막부 무로마치 막부
유학과 불교	율령의 의미, 율령의 전파, 다이호 율령 문묘, 각국의 유학 교육 기관, 독서삼품과, 과거제 대승 불교, 불교의 토착화, 불교 미술 성리학의 특징, 성리학의 전파, 양명학, 사대부, 신사, 무사 동아시아의 문화 교류, 동아시아 문화권

(나) 성취기준 해설

[12동사02-02] 동아시아 각국은 정치적 갈등과 전쟁을 거듭하는 동안에도 다양한 형태의 국제 관계를 유지했으며, 조공 · 책봉을 포함한 다양한 외교 형식을 통해 자국의 안정과 성장을 도모하였음에 주목한다. 특히 조공 · 책봉은 중국 중심이 아니라 상호적 관점에서 이해하도록 유의한다.

(다) 교수 · 학습 방법 및 유의 사항

모둠을 구성하여 유학이 동아시아 사회에 끼친 영향에 대해 사례를 중심으로 조사 · 발표하도록 하여 동아시아 문화권에서 가지는 의미를 이해하도록 한다. 각국을 대표하는 불교 문화 유산을 찾아 관련 글이나 사진으로 포스터를 제작하여 동아시아 불교 문화의 내용을 파악하도록 한다. 유학에 관해서는 가급적 주변에서 쉽게 접할 수 있는 사례를 조사하도록 지도한다. 문화유산에 대한 심화 학습을 통해 역사적 가치를 파악하고 이를 보존하려는 태도를 갖도록 한다.

(라) 평가 방법 및 유의 사항

발표 수업의 경우 학습자의 수업 집중도를 높이기 위하여 교사 평가와 더불어 학습자 상호 간의 동료 평가도 활용하며 자료 조사 및 포스터 제작 과정을 단계적으로 평가하도록 한다. 한편 문화유산에 대한 문화적 소양, 가치, 태도 등의 정의적 영역을 아울러 평가하도록 한다.

<학습요소 예시>

(3) 동아시아의 사회 변동과 문화 교류

17세기 전후의 동아시아 전쟁의 배경과 영향을 파악하도록 한다. 특히 전쟁으로 인한 교류와 그 영향에 초점을 맞추어 각국의 중화 의식이 변화해가는 과정을 파악한다. 한편 교역의 확대로 도시가 성장하고 서민의 경제력이 커지면서 각 지역에서 전통적인 서민 문화가 발전하는 모습을 이해한다.

(가) 학습 요소

소주제	학습 요소
17세기 전후 동아시아 전쟁	• 임진왜란, 병자호란 • 명·청 교체, 에도 막부, 연행사, 통신사 • 조선·일본·중국의 중화 의식 변화 • 도자기, 인쇄술
교역망의 발달과 은 유통	• 해금 정책, 정화의 원정, 감합 무역, 밀무역, 화교 • 류큐의 중계 무역, 조선의 중계 무역 • 왜관, 슈인장, 믈라카, 데지마 • 천계령, 공행, 광둥 무역 체제 • 회취법, 이와미 은광, 멕시코 은, 갈레온 무역, 조세 은납화, 삼각 무역
사회 변동과 서민 문화	• 농업 생산력의 발전 • 강남 시진, 조카마치, 한양 • 산시 상인, 휘저우 상인 • 장시, 대동법, 공인, 만상, 내상, 조닌 • 경극, 소설, 판소리, 한글 소설, 풍속화, 우키요에, 가부키 • 고증학, 공양학, 실학, 서학, 난학, 국학

(4) 동아시아의 근대화 운동과 반제국주의 민족 운동

서양 열강의 침략적 진출로 동아시아의 국가들은 불평등 조약을 체결하여 개항하고, 이후 각국에서는 근대화 운동과 국민 국가 건설을 위한 움직임이 있었음을 이해한다. 일본을 비롯한 제국주의 국가의 침략과 식민 지배로 인해 동아시아 각국이 겪은 고통을 이해한다. 또한 이에 저항하여 각 지역에서 민족 운동이 활발히 전개되고, 국제적인 교류와 연대가 이루어졌음을 파악한다. 시기는 대체로 19세기 중반부터 1945년까지를 대상으로 한다.

(가) 학습 요소

소주제	학습 요소
새로운 국제 질서와 근대화 운동	• 난징 조약, 베이징 조약, 미·일 화친 조약, 미·일 수호 통상 조약, 강화도 조약, 사이공 조약 • 태평천국 운동, 양무 운동, 변법자강 운동, 신해혁명, 신정, 입헌 운동 • 존왕양이, 메이지 유신, 식산흥업, 사민평등, 자유 민권 운동

소주제	학습 요소
	• 갑신정변, 갑오개혁, 독립 협회, 대한 제국
제국주의 침략 전쟁과 민족 운동	• 제국주의, 청·일 전쟁, 러·일 전쟁, 을사조약, 국권 피탈, 21개조 요구, 베르사유 조약, 워싱턴 체제 • 만주 사변, 중·일 전쟁, 난징 대학살, 추축국, 태평양 전쟁 • 의화단 운동, 5·4 운동, 제1차 국·공 합작, 제2차 국·공 합작 • 동학 농민 운동, 3·1 운동, 대한민국 임시 정부, 한인 애국단, 의열단, 한·중 연합 작전, 조선 의용대, 한국 광복군 • 반제·반전 사상, 일본 반제 동맹, 무정부주의
서양 문물의 수용	• 만국 공법, 사회 진화론, 신문, 개항장, 조계, 근대 도시 문화, 태양력, 철도, 근대 교육, 여성 교육

(5) 오늘날의 동아시아

제2차 세계 대전의 전후 처리 양상과 동아시아 각국의 국권 회복 과정을 살펴보고, 냉전의 심화 및 탈냉전 과정을 이해한다. 동아시아 각국의 정치·경제·사회의 발전 양상을 알아보고 오늘날 동아시아 국가 간의 갈등과 이를 해결하기 위한 방안을 탐구한다. 시기는 1945년 이후를 대상으로 한다.

(가) 학습 요소

소주제	학습 요소
제2차 세계 대전 전후 처리와 냉전 체제	• 카이로 회담, 얄타 회담, 포츠담 선언, 샌프란시스코 강화 조약, 도쿄 재판, 38도선, 한반도 분단 • 국·공 내전, 중화 인민 공화국, 6·25 전쟁, 신헌법(평화헌법), 미·일 안보 조약, 한·일 기본 조약, 베트남 전쟁, 파리 평화 협정 • 닉슨 독트린, 중·일 수교, 미·중 수교, 한·중 수교
경제 성장과 정치 발전	• 중국의 사회주의 계획 경제, 인민공사, 대약진 운동, 문화 대혁명, 덩샤오핑의 개혁·개방, 톈안먼 사건, 타이완 • 일본의 55년 체제 • 경제 개발 5개년 계획, 4·19 혁명, 5·16 군사 정변, 10월 유신, 5·18 민주화 운동, 6월 민주 항쟁 • 북한의 사회주의 경제 체제, 주체사상, 3대 세습 • 베트남의 도이머이
갈등과 화해	• 독도 • 센카쿠(다오위 다오), 북방 도서, 난샤 군도, 시샤 군도 • 일본의 식민 지배 미화, 야스쿠니 신사 참배, 교과서 왜곡, 일본군'위안부', 고노담화, 동북공정

5) 교수 · 학습 방향

(1) 학습자의 역사 이해 능력을 향상시키는 데 유용한 학습 경험을 제공하고 이를 통해 학습자가 자기 주도적으로 역사 이해 능력을 향상시킬 수 있도록 한다.

(2) 학습자의 학습 능력이나 학습 준비도에 알맞은 교수 · 학습 방법과 평가 자료를 개발하여 학습자의 개별적 특성에 대비한다.

(3) 학습자가 교수 · 학습 상황에 능동적으로 참여할 수 있도록 다양한 사료, 도표, 통계 자료, 각종 멀티미디어 자료 등 다양한 매체를 활용하여 자료를 개발함으로써 학습의 효율을 높인다.

(4) 학습 목표와 내용을 고려하여 독서 활동, 동아리 활동, 현장 체험 학습, 극화 학습, 협동 학습, 의사 결정 학습, 인물 학습, 사료 학습, 문화재 학습, 프로젝트 학습 등 다양한 교수 · 학습 방법을 활용한다.

(5) 정보화 사회에 부응하고 학습자의 관심과 흥미를 높이기 위해 사이버 박물관 탐방 학습, 정보 통신 기술 활용 학습, 인터넷 활용 교육, 영화 활용 교육, 이러닝 교육, 제작 학습 등 컴퓨터를 기반으로 하는 역사 학습을 적극적으로 활용하여 창의적인 역사 수업이 이루어지도록 한다.

(6) 내용 요소에 대한 체계적인 설명, 예시, 질문, 학습자의 연습, 자기 점검과 평가 과정을 유기적으로 관련지어 지도한다.

(7) 개별적인 사실의 나열보다는 중요한 개념과 논리적인 인과 관계를 이해시킴으로써 과거 사건을 역사적인 맥락 속에서 파악하게 한다.

(8) 과거의 사실과 사건 중에서 학생이 알아야 할 중요한 내용을 선정하고, 이러한 사실들의 연관 관계를 부각시켜 학생이 스스로 역사적 개념을 정립하도록 하고, 이를 토대로 역사적 사실에 대한 일반화 능력을 함양할 수 있도록 한다.

(9) 학습자 스스로 역사 지식의 형성 과정을 비판적으로 성찰할 수 있도록 역사적 사건에 대한 다양한 해석의 가능성을 제시한다.

(10) 동아시아가 안고 있는 문제 등을 교과와 연계시켜 봄으로써 역사적 증거 자료가 현재의 역사 문제 해결에 관련될 수 있음을 인식하도록 한다.

(11) 교수 · 학습 방법의 적절한 개선을 위해 다양한 방법으로 학습자들의 만족도를

확인한다.

6) 평가 방향

(1) 단편적인 역사 지식의 암기를 확인하는 데에서 벗어나 역사적 사고 능력과 역사에 대한 관심 및 태도 영역까지 포함하여 종합적이고 균형 있게 이루어지도록 한다.

(2) 평가 내용은 각 영역의 학습 내용에서 균형 있게 선정하되, 학년별 수준과 범위를 고려한다.

(3) 평가 시에는 평가 상황, 평가 방법, 평가 기준을 학습자에게 미리 알려 주어 평가가 역사 학습을 적극적으로 도와줄 수 있게 한다.

(4) 진단 평가, 형성 평가, 총괄 평가, 수행평가를 적절하게 활용하여 학습 의욕을 자극하고 성취도를 높이며, 학습 과정과 평가의 연계성을 높일 수 있도록 한다.

(5) 수행평가는 자기 평가나 동료 평가, 포트폴리오, 연구 보고서 등 다양한 방법으로 타당도와 신뢰도에 유의하여 실시하며, 이를 확대 실시할 때에는 더욱 이에 주의를 기울여야 한다.

(6) 학습자가 학습과정과 결과에 대해 스스로 점검하여 부족한점을 개선할수 있도록한다.

8. 세계사

1) 성격

'세계사'는 인류가 출현한 선사 시대부터 오늘날의 세계화 시대에 이르기까지 인류가 걸어온 삶의 변화를 탐구함으로써, 현재 인류가 직면한 문제들에 대해 역사적으로 사고할 수 있도록 하는 과목이다.

오늘날 세계화는 우리 삶에 영향을 미치는 중요한 요소 중 하나다. 전 지구적 차원에서 심화된 상호 의존성은 문화와 역사적 경험이 다른 여러 국가와 지역을 하나의 생활권으로 통합시켜 개인의 활동 영역을 획기적으로 확대시켰다. 하지만 세계화를 통한 상호 교류의 진전은 민족, 인종, 종교, 계급 간의 갈등과 대립을 심화함으로써 지역 간의 갈등을 불러일으키고 있다. 이 같은 세계화의 역설은 지구 상에 존재하는 다양한 문화와 가치를 이해하고 존중하는 태도 및 사건이나 문제를 집단 간의 상호 관계 속에서 파악하고 분석할 수 있는 능력을 요구한다.

세계화를 통한 교류와 소통의 증대는 독자적인 발전을 이룩해 온 여러 지역의 문화에 대한 이해의 필요성을 요구한다. 세계화가 진행되어 갈수록 이러한 경향은 더욱 심화될 것이다. 따라서 '세계사'는 앞으로 지구촌에서 살아 나가야 할 학습자에게 세계 시민으로서의 소양을 길러 주는 과목이 되어야 한다.

'세계사'는 이제껏 학습해 온 역사에 대한 이해를 바탕으로 학습자의 시야를 세계 전반으로 넓힐 수 있도록 하는 과목이다. 이를 위해 동아시아 지역, 서아시아·인도 지역, 유럽·아메리카 지역이 독자적인 문화권을 형성하는 과정을 다루고, 이어서 이들 지역이 하나의 지구촌으로 통합되는 과정과 변화를 탐구한다.

'세계사' 과목은 역사 사실 이해, 역사 자료 분석과 해석, 역사 정보 활용 및 의사소통, 역사적 판단력과 문제 해결 능력, 정체성과 상호 존중을 중요한 역량으로 삼고 있다.

역사 사실 이해는 과거의 사건, 인물, 구조, 변화 등에 대한 지식을 습득하고 중요한 역사 용어나 개념을 이해하는 능력을 의미한다. 역사 자료 분석과 해석은 역사 자료를 읽고 이를 비판적으로 검토하여 역사 지식을 구성하는 능력을 의미한다. 역사 정보 활용 및 의사소통은 다양한 매체를 통해 얻은 역사 정보를 분석, 토론, 종합, 평가하는 능력을 의미한다. 역사적 판단력과 문제 해결 능력은 과거 사례에 비추어 오늘날의 문제를 해결하는 능력을 의미한다. 정체성과 상호 존중은 우리 역사와 세계 역사에 대한 이해를 바탕으로, 우리의 관점에서 오늘날 요구되는 역사의식을 함양하고 타인을 이해하고 존중하는 태도를 갖는 능력을 의미한다.

2) 목표

'세계사'는 여러 지역의 독특한 문화적 특징과 역사적 형성 과정을 비교의 관점에서 탐구하도록 하고, 지역 간의 교류와 갈등을 통해 형성된 인류의 다양한 경험을 심층적으로 이해하도록 한다. 또한 이를 발판으로 현재 세계가 직면한 여러 갈등과 문제에 대해 바람직한 해결 방안을 도출해 낼 수 있는 능력을 갖추는 것을 목표로 한다.

세계가 하나로 통합되는 세계화 시대를 살고 있지만, 우리가 접하는 문화는 점점 더 다양해지고 있다. 모순적으로 보이는 이러한 상황을 이해하기 위해 '세계사' 학습이 필요하다. 여러 지역의 역사들이 하나의 지구촌 역사로 통합되는 과정을 학습함으로써 이러한 현상이 발생하는 이유를 추론할 수 있다. '세계사'의 구체적인 목표는 다음과 같다.

가. 지구 상에 존재하는 여러 지역의 문화와 가치를 이해함으로써 '세계 속의 한국인'으로서 정체성을 함양한다.
나. 지역의 종교와 문화, 정치 체제와 가치관의 차이에서 발생하는 사건이나 갈등을 역사적 맥락에서 파악하고, 그런 과정을 통해서 문제 해결을 위한 역사적 사고 능력을 배양한다.
다. 인류의 역사를 구성하는 여러 지역이 점진적으로 통합되어 가는 과정을 탐구하여 세계가 오늘날과 같은 상황에 이르게 된 원인과 과정을 이해한다.
라. 여러 지역 사이에서 이루어진 문화적 교류가 인류 문명 발전에 기여했던 사실을 탐구하여 세계 시민 의식을 기른다.
마. 세계사의 주제와 관련된 자료를 비교, 분석, 비판, 종합하는 활동을 통해 미래 사회를 전망할 수 있는 역사적 안목을 키운다.

3) 내용 체계

대주제	소주제
인류의 출현과 문명의 발생	○ 세계사 학습의 필요성
	○ 인류의 출현과 선사 문화
	○ 문명의 발생
동아시아 지역의 역사	○ 동아시아 세계의 형성
	○ 동아시아 세계의 발전
	○ 동아시아 세계의 변동

대주제	소주제
서아시아 · 인도 지역의 역사	○ 서아시아의 여러 제국과 이슬람 세계의 형성
	○ 인도의 역사와 다양한 종교 · 문화의 출현
유럽 · 아메리카 지역의 역사	○ 고대 지중해 세계
	○ 유럽 세계의 형성과 동요
	○ 유럽 세계의 변화
	○ 시민 혁명과 산업 혁명
제국주의와 두 차례 세계 대전	○ 제국주의와 민족 운동
	○ 두 차례의 세계 대전
현대 세계의 변화	○ 냉전과 탈냉전
	○ 21세기의 세계

4) 성취기준(예시)

(1) 인류의 출현과 문명의 발생

세계사의 의미를 이해하고 세계사 학습의 필요성을 인식한다. 인류가 출현하여 퍼져 나가는 과정을 파악한다. 구석기와 신석기 시대의 생활 모습을 통해 인류 사회의 발전을 이해하고, 이러한 발전이 문명의 탄생으로 이어지는 과정을 탐구한다. 각지에서 문명이 다양하게 발전해 나가는 모습을 알아본다.

[12세사01-01] 세계사의 의미를 이해하고 세계사 학습의 필요성을 인식한다.
[12세사01-02] 인류의 출현을 파악하고, 구석기와 신석기 시대 사람들의 생활 모습을 통해 인류 사회의 발전을 이해한다.
[12세사01-03] 여러 지역에서 탄생한 문명의 내용을 조사하여 공통점과 차이점을 설명한다.

(가) 학습 요소

소주제	학습 요소
세계사 학습의 필요성	세계사, 세계화, 과거와 현재의 관련성
인류의 출현과 선사 문화	인류의 출현, 구석기 시대, 신석기 시대, 신석기 혁명
문명의 발생	청동기, 문자, 국가, 중국 문명, 인도 문명, 메소포타미아 문명, 이집트 문명

(나) 성취기준 해설

[12세사01-03] 청동기의 사용, 문자의 발명, 계급의 발생, 도시와 국가의 형성 등이 문명의 발생으로 이어졌음을 이해한다. 중국, 인도, 메소포타미아, 이집트 등지에서 발생한 문명이 다양하게 발전해 나가는 모습을 탐구하도록 한다.

(다) 교수 · 학습 방법 및 유의 사항

인터넷 자료, 서적 등을 이용하여 오늘날 세계화가 진행되는 과정에서 나타나고 있는 여러 현상을 조사하고, 전 세계 각지에서 발생하는 여러 문제가 과거의 역사적 사실과 밀접하게 관련되어 있음을 이해하도록 한다. 구석기와 신석기 시대의 생활 모습을 역사적 자료를 근거로 하여 추론해 보고 그 공통점과 차이점을 비교하도록 한다. 이 과정에서 영화, 다큐멘터리 등 시청각 자료를 활용하도록 한다. 각지의 문명을 세계 지도에 표시하여 지리적인 공통점을 찾아보고, 다양한 자료를 활용하여 각 문명의 특징적인 요소들이 부각되도록 한다.

(라) 평가 방법 및 유의 사항

세계화, 지구촌 사회 등을 주제로 한 신문 기사 스크랩, 글쓰기 등의 활동을 통해 세계사 학습의 필요성을 인식하도록 한다. 역할극, 가상 일기 쓰기, 도구 만들기 등의 방법을 활용하여 그 시대의 특징적인 생활 모습을 역사적 상상력을 바탕으로 재현하고 그것이 역사적 사실에 근거하였는지를 평가할 수 있다. 각 문명의 유물, 유적, 제도 등을 소개하는 안내 책자 만들기 등의 모둠 활동을 통해 해당 시기에 대한 지식뿐만 아니라 소통 및 협력, 배려 등의 정의적 요소를 함께 평가하도록 한다.

(2) 동아시아 지역의 역사

중국의 여러 왕조와 통일 제국의 전개 과정과 일본 고대 국가의 형성 과정을 살펴보고 이를 통해 동아시아 문화권의 성격을 파악한다. 다양한 민족이 서로 관련을 맺으며 역동적으로 활동한 모습을 통해 전통 시대 동아시아 사회를 이해하고 이것이 갖는 세계사적 의미를 생각해 본다. 또한 일본의 역사적 흐름과 전통문화가 형성되는 과정을 탐구하여 오늘날의 일본을 이해하는 실마리를 찾는다.

> [12세사02-01] 춘추 · 전국 시대부터 수 · 당까지 중국사의 전개 과정과 일본 고대 국가의 형성 과정을 살펴보고, 동아시아 문화권의 성격을 이해한다.
>
> [12세사02-02] 송의 정치 · 사회적 변화를 살펴보고, 몽골의 팽창이 아시아와 유럽에 미친 영향을 탐구한다.
>
> [12세사02-03] 명 · 청 시대와 에도 시대의 변화를 탐구하여 동아시아 세계의 변동 상황을 파악한다.

(가) 학습 요소

소주제	학습 요소
동아시아 세계의 형성	춘추 · 전국 시대, 철기, 제자백가, 진시황, 한 무제, 호한 융합, 문벌 귀족, 불교, 도교, 과거제, 대운하, 율령, 동아시아 문화권, 아스카 문화, 다이카 개신, 견당사, 국풍 문화
동아시아 세계의 발전	문치주의, 사대부, 왕안석의 신법, 성리학, 강남 개발, 화폐, 이중 지배 체제, 고유 문자, 칭기즈 칸, 몽골 제일주의, 역참, 동서 교류, 막부 정권의 성립
동아시아 세계의 변동	이갑제, 정화의 원정, 북로 남왜, 신사층, 팔기제, 만한 병용제, 일조편법, 지정은제, 감합 무역, 막번 체제, 조닌 문화, 난학

(나) 성취기준 해설

[12세사02-01] 춘추 · 전국 시대에서 진 · 한 · 수 · 당에 이르는 시기의 내용을 학습하여 통일 제국이 이룩한 중앙 집권 체제를 파악하고, 이를 다양한 지방 세력 및 북방 민족이 활동한 지방 분권의 움직임과 함께 종합적인 맥락에서 이해한다. 일본 고대 국가의 모습에서 오늘날 일본 사회를 이해하는 단초를 찾는다. 중국 왕조와 주변 지역이 활발한 교류를 통해 동아시아 문화권을 형성해 가는 모습을 살펴본다.

(다) 교수 · 학습 방법 및 유의 사항

춘추 · 전국 시대에서 진 · 한으로 이어지는 역사적 전개 과정을 통해 중국 역대 왕조의 기본 골격이 형성되는 과정을 살펴보도록 한다. 동아시아 각국의 문화, 제도와 관련된 자료를 제시하고 동아시아 문화권의 공통 요소를 추출하는 활동을 전개하되, 이 과정에서 각국의 독자적 발전 모습도 균형적으로 살펴봄으로써 중국 중심의 시각에 매몰되지 않도록 한다. 북방 민족의 활동을 주체적인 입장에서 살펴 이들이 중국 왕조와 관련을 맺으며 발전해 갔음을 이해하도록 한다. 몽골 제국의 팽창으로 동서 문물 교류가 활발히 이루어졌음을 다양한 자료를 통해 탐구하도록 한다. 청이 한족 왕조의 통치 방식과 함께 팔기제 등과 같은 만주족 고유의 방식을 이용해 통치해 나갔음에도 유의한다. 일본이 독자적인 발전과 함께 주변 국가와의 관계도 꾸준히 유지했음을 살펴보도록 한다.

(라) 평가 방법 및 유의 사항

고대 중국의 각 왕조에 해당하는 역사적 사실들을 시기별로 구분할 수 있는지 단순하게 묻기보다는 이때의 역사적 사실들이 중국사의 전개 과정에서 가지는 의미를 종합적으로 사고할 수 있는지 평가하는 서술·논술형 문항을 개발하도록 한다. 탐구식 수업 방법을 활용할 경우 보고서의 내용뿐만 아니라 탐구 과제를 수행해 나가는 과정도 평가하도록 한다. 역사신문 제작, UCC 제작 등의 수행평가를 실시할 경우 역사적 사실에 기반을 둔 내용인지 유의하고, 모둠 활동의 경우에는 자기 평가와 동료 평가를 함께 실시하도록 한다. 북방 민족에 대한 학습에서는 오늘날 중국의 소수 민족이 처한 상황에 대한 보고서 작성하기 등의 활동을 실시하여 지식에 대한 평가뿐 아니라 다민족 사회에 대한 올바른 가치관 확립 여부를 확인하는 정의적 평가가 이루어지도록 한다.

<학습요소 예시>

(3) 서아시아 · 인도 지역의 역사

서아시아 여러 제국의 발전 과정과 정치 · 문화적 유산을 이해하고 이를 바탕으로 동서 교류에 기여한 역할을 탐구한다. 이슬람의 등장과 확산을 통해 이슬람 세계가 형성되는 과정을 살펴본다. 이슬람이 여러 지역과 다양한 방식으로 관계를 맺어 가는 모습을 탐구한다. 인도 왕조들의 성립과 발전 과정을 개괄적으로 파악한다. 다양한 종교와 문화가 탄생하게 되는 배경과 그 결과를 탐구함으로써 인도 사회 고유의 성격과 특징을 이해한다.

(가) 학습 요소

소주제	학습 요소
서아시아의 여러 제국과 이슬람 세계의 형성	아시리아, 페르시아(아케메네스 조, 사산 조), 조로아스터교, 이슬람, 무함마드, 헤지라, 쿠란, 정통 칼리프 시대, 우마이야 왕조, 아바스 왕조, 후우마이야 왕조, 셀주크 튀르크, 오스만 제국
인도의 역사와 다양한 종교 · 문화의 출현	브라만교, 불교, 마우리아 왕조, 쿠샨 왕조, 굽타 왕조, 카스트 제도, 힌두교, 인도의 이슬람화, 무굴 제국

(4) 유럽 · 아메리카 지역의 역사

그리스와 로마의 고전 문화, 크리스트교, 게르만족 등의 요인을 중심으로 유럽 세계의 형성 과정을 살펴본다. 유럽 봉건 사회의 성립과 변화 모습을 통해 이 시기의 역동적인 역사상을 파악한다. 신항로 개척 이후 유럽의 흥기를 탐구하고, 시민 혁명과 산업 혁명의 역사적 의미에 대해 해석한다.

(가) 학습 요소

소주제	학습 요소
고대 지중해 세계	아테네의 민주 정치, 페르시아 전쟁, 그리스 문화, 알렉산드로스 제국, 헬레니즘 문화, 로마 공화정, 포에니 전쟁, 로마 제정, 로마 문화, 크리스트교
유럽 세계의 형성과 동요	게르만족의 이동, 프랑크 왕국, 봉건제, 교황과 황제의 대립, 비잔티움 제국, 십자군 전쟁, 도시 발달, 상업의 부활, 르네상스, 종교 개혁
유럽 세계의 변화	신항로의 개척, 유럽 교역망의 확장, 절대 왕정
시민 혁명과 산업 혁명	과학 혁명, 계몽사상, 영국 혁명, 미국 혁명, 프랑스 혁명, 국민 국가, 자유주의, 민족주의, 산업 혁명, 사회주의

(5) 제국주의와 두 차례 세계 대전

제국주의 열강이 아시아 및 아프리카를 침략하는 과정을 살펴본다. 제국주의의 침략에 대항하여 아시아·아프리카에서 전개된 민족주의 및 근대 국민 국가 수립 운동을 알아본다. 두 차례의 세계 대전이 일어난 배경과 전개 과정 그리고 그 결과를 탐구하여 이것들이 갖는 세계사적 의미를 생각해 본다.

(가) 학습 요소

소주제	학습 요소
제국주의와 민족 운동	제국주의, 아시아·아프리카의 분할, 아편 전쟁, 태평천국 운동, 양무 운동, 변법자강 운동, 의화단 운동, 신해혁명, 5·4 운동, 메이지 유신, 세포이 항쟁, 인도 국민 회의의 반영 운동, 탄지마트, 와하브 운동, 3·1 운동
두 차례의 세계 대전	제1차 세계 대전, 러시아 혁명, 베르사유 체제, 국제 연맹, 국공 합작, 대공황과 각국의 대응책, 전체주의, 중·일 전쟁, 제2차 세계 대전, 국제 연합

(6) 현대 세계의 변화

전후 냉전 체제의 성립과 전개, 붕괴 과정을 통해 현대 세계의 흐름을 파악함으로써 오늘날의 세계를 이해하는 기반을 마련한다. 세계화·정보화 등 현대 세계의 다양한 특징을 이해함으로써 인류가 당면한 문제의 해결 방안을 모색하고 미래 세계를 전망하는 안목을 기른다.

(가) 학습 요소

소주제	학습 요소
냉전과 탈냉전	냉전 체제, 제3 세계, 사회주의 진영의 붕괴, 탈냉전, 세계 질서의 재편
21세기의 세계	세계화, 과학 기술의 발전, 현대 사회의 갈등과 분쟁

9. 교수 · 학습 방향

(1) 세계사는 단순히 과거에 일어난 일이 아니라 오늘날 우리의 모습과 밀접히 연관되어 있음을 인식할 수 있도록 한다.

(2) 세계사의 내용을 단순화 · 파편화하여 학습하기보다 이것들이 갖는 전체적인 의미와 흐름을 파악할 수 있도록 한다.

(3) 과거의 사실과 사건 중에서 중요한 내용을 선정하고, 각 사실과 사건의 연관 관계를 부각시켜 학습자가 스스로 역사적 개념을 정립하도록 한다. 이를 토대로 역사적 사실에 대한 일반화 능력을 함양할 수 있도록 한다.

(4) 세계사 학습을 통해 학습자에게 다양한 기능을 습득하고 가치관을 함양할 수 있는 기회를 제공한다.

(5) 학습자 스스로 역사적 지식의 형성 과정을 비판적으로 성찰할 수 있도록 역사적 사건에 대한 다양한 해석의 가능성을 제시한다.

(6) 학습 목표와 내용을 고려하여 독서 활동, 동아리 활동, 현장 체험 학습, 극화 학습, 협동 학습, 의사 결정 학습, 인물 학습, 사료 학습, 문화재 학습, 프로젝트 학습 등 다양한 교수 · 학습 방법을 활용한다.

(7) 세계사와 관련된 다양한 시청각 자료를 활용하여 학습자의 동기 및 흥미를 유발하고 다양한 문제에 대한 해결 능력을 기르도록 한다.

(8) 2~4단원은 지역사를 위주로 교수 · 학습을 진행하되 지역 간의 교류 및 관련성을 보여 주는 자료를 보조적으로 제시하여 학습자의 역사적 시각을 확대한다.

(9) 정보화 사회에 부응하고 학습자의 관심과 흥미를 높이기 위해 사이버 박물관 탐방 학습, 정보 통신 기술 활용 학습, 인터넷 활용 교육, 영화 활용 교육, 이러닝 교육, 제작 학습 등 컴퓨터를 기반으로 하는 역사 학습을 적극적으로 활용하여 창의적인 역사 수업이 이루어지도록 한다.

(10) 교수 · 학습 방법의 적절한 개선을 위해 다양한 방법으로 학습자들의 만족도를 확인한다.

10. 평가 방향

(1) 역사적 사실뿐만 아니라 역사적 흐름, 인과 관계, 역사적 의미를 알고 있는지를 측정할 수 있는 다양한 평가 문항을 개발한다.

(2) 세계사 학습을 통해 습득한 가치관, 학습 태도 등을 측정할 수 있도록 서술·논술형 및 수행평가를 적극 활용한다.

(3) 진단 평가, 형성 평가 등을 이용해 상시적으로 학습자의 이해 수준을 측정한다.

(4) 논술, 발표, 토론, 제작 활동 등의 수행평가를 통해 학습자가 역사를 간접적으로 체험해 볼 수 있는 기회를 제공한다.

(5) 평가 시에는 평가 상황, 평가 방법, 평가 기준을 학습자에게 미리 알려 주어 평가가 역사 학습을 적극적으로 도와줄 수 있도록 한다.

(6) 진단 평가, 형성 평가, 총괄 평가, 수행평가를 적절하게 활용하여 학습 의욕을 자극하고 성취도를 높이며 학습 과정과 평가의 연계성을 높일 수 있도록 한다.

(7) 수행평가를 실시할 경우 사전에 명확한 평가 기준을 제시하여 평가의 신뢰도, 공정성을 확보한다.

(8) 수행평가는 자기 평가나 동료 평가, 포트폴리오, 연구 보고서 등 다양한 방법으로 타당도와 신뢰도를 고려해 실시하고, 이를 확대 실시할 때에는 더욱 주의를 기울여야 한다.

(9) 학습자가 학습 과정과 결과에 대해 스스로 점검하여 부족한 점을 개선할 수 있도록 한다.

(1) 교수·학습과 평가를 통합함으로써 질적인 과정 중심의 평가가 이루어지도록 한다. 선다형, 서술형 및 논술형, 포트폴리오 등의 다양한 방법을 활용하되 단순한 지식 습득 여부보다는 교과 역량과 일반화된 지식에 대한 이해를 중점적으로 평가하도록 한다.

(2) 성취기준에 근거하여 평가를 실시하되 학습 목표 및 내용, 탐구 활동, 교수·학습 방법과 평가 방법이 유기적으로 연계되어 환류될 수 있도록 한다. 단순한 사

실을 묻기보다는 기본 개념을 바탕으로 다양한 자료 및 실생활과 관련된 사례를 활용하여 창의적 문제 해결력, 사고력, 가치 · 태도를 측정할 수 있다.

(3) 지식 영역에서는 시 · 공간적인 현상의 설명과 사회문제 해결에 필요한 기본 및 핵심 개념의 이해와 적용을 바탕으로 일상생활의 창의적 문제 해결력 등을 평가한다.

(4) 기능 영역에서는 사회현상을 이해하는 데 필요한 각종 자료와 정보를 수집, 비교, 분석, 종합하는 인지적 기능, 지도, 도표, 사진, 컴퓨터 등을 이용하여 표현할 수 있는 실제적 기능, 의사소통, 토론, 역할 수행 등을 통해 상호 협력하는 사회적 기능을 다면적으로 평가하도록 한다.

(5) 가치 · 태도 영역에서는 통합적 사회현상과 관련된 다양한 가치 및 관점에 대한 이해와 공감의 기회를 제공하고, 바람직한 가치와 합리적 가치의 내면화 정도, 가치에 대한 분석 및 판단 능력 등을 평가하도록 한다.

(6) 학습 과정과 결과를 함께 평가하되 평가 계획 수립, 평가 문항과 도구 개발, 평가의 시행, 평가 결과의 처리, 평가 결과의 활용 등의 절차에 따라 객관성과 공정성이 유지되도록 평가한다.

(7) 학생들이 학습한 내용을 구체적인 문제 상황에 적용할 수 있도록 선택형 및 서술형, 논술형 등의 지필 평가 외에도 면접, 체크리스트, 토론, 논술, 발표, 답사 보고서, 시뮬레이션, 포트폴리오, 프로젝트 결과물 등을 자기 평가, 동료 평가를 활용하여 평가한다.

참고문헌

교육부, 『2009 개정 교육과정 해설』(2009)

교육부, 『2015 개정 교육과정 총론 해설: 중학교』(2015)

교육부, 『2015 개정 교육과정 총론 해설: 고등학교』(2015)

교육부, 『2009 개정 교육과정 사회과』(2009)

교육부, 『2015 개정 교육과정 사회과』(2015)

이원순 외, 『역사교육론』, 삼영사, 1995.

양호환 외, 『역사교육의 이론과 방법』, 삼지원, 1997.

정선영 외, 『역사교육의 이해』, 삼지원, 2001.

최완기, 『역사교육과 학습내용의 선정』, 느티나무, 2003.

김한종 외, 『역사교육과 역사인식』, 책과 함께, 2005.

최상훈 외, 『역사교육의 내용과 방법』, 책과 함께, 2007.

김한종, 『역사수업의 원리』, 책과 함께, 2007.

양호환 외, 『역사교육의 이론』, 책과 함께, 2009.

최상훈 외, 『역사과 평가의 이론과 실제』, 책과 함께, 2012.

통일부 통일교육원, 『북한 이해』, 통일부 통일연구원, 2016

통일부 통일교육원, 『통일문제의 이해』, 통일부 통일연구원, 2016

공종현, 「한국과 일본의 중등교원 양성제도 비교 연구」, 전북대학교 석사학위논문, 2010.

남경희, 「교육학 이론 및 실제 : 일본의 교원양성 정책 동향과 과제 고찰」, 『韓國 初等教育』 제25집 1호, 2014.

김태웅, 「日帝强占期 群山地域 寫眞의 現況과 史料化 問題」, 『역사연구』 제15권, 2005.

정일영, 「남북 간 역사인식의 간극과 해소방안: 한국전쟁에 관한 역사서술을 중심으로」, 『통일정책연구』 제24권 2호, 2015.
이승철, 「통일의식조사 비교 연구 : IPUS와 KBS 조사를 중심으로」, 『도덕윤리과교육연구』 제47권, 2015.
신현균 · 김희경, 「탈북 청소년의 학업 및 가족문제 스트레스와 외상후 스트레스와의 관계에서 자존감의 조절효과」, 『청소년학연구』 제22권 제11호, 2015. 11.
김경성, 「탈북청소년의 역사교육 실태와 문제점 분석 - 하나둘학교 〈역사〉 교과서를 중심으로 -」, 『역사와 역사교육』 제29권, 2014.
김선규, 「北韓의 〈조선력사〉에만 登場하는 人物 考察」, 『社會科敎育學硏究』 제5권, 2001.
김인아, 「한국인의 대북한인식에 관한 연구」, 서강대학교 교육대학원 석사학위 논문, 2012.
김준철, 「전쟁경험 국가의 화해 사례가 통일교육에 주는 함의」, 경남대학교 북한대학원, 2006.
이미경, 「북한의 대일인식의 특징과 함의: 일본의 독도 영유권 주장에 대한 북한의 대응방식을 중심으로」, 『한국동북아논총』 제75호, 2015
金玟宣, 「통일 전후 독일 역사교육의 변천과정 연구」, 중앙대학교 교육대학원 석사학위논문, 2005.
양호환, 「역사서술의 주체와 관점」, 『역사교육의 입론과 구상』, 책과함께, 2011,
양호환, 「역사 교과서의 서술양식과 학생의 역사이해」, 『역사교육』 59, 역사교육연구회, 1996
최주연, 「역사교육과정과 교과서 발행제도 연구동향」, 『한국 역사교육의 연구 동향』, 책과함께, 2011.
권신영, 「역사를 바라보는 새로운 시선 '황산벌'」, 『씨네포럼』, Vol.10, 2009.
김락기, 「역사영화, 왜곡과 개연성 사이 - 〈평양성〉」, 인천문화재단, 『플랫폼』, Vol.26, 2011.
박순준, 「역사와 영화 : 교과목 개발을 위한 선행연구」, 부산경남사학회, 『역사와 경계』, Vol.74, 2010.
박재영, 「영화 에 나타난 서구중심주의」, 한국외국어대학교 역사문화연구소, 『역사문화연구』, Vol.36, 2010.
송인주, 「영화 포스터 읽기와 역사교실수업」, 역사교육학회, 『역사교육논집』, Vol.51, 2013.
김미현, 「영화, 역사와 관계 맺기」, 학술교육원, 『영상예술연구』, Vol.3, 2003
방지원, 「역사교육 정상화의 과제와 2007 개정 교육과정의 회복 문제」, 『역사교육연구』, No.18, 2013.
송상헌, 「역사교육의 내용을 둘러싼 역사교육 담론의 검토」, 『역사교육연구』, No.1, 2005.
구경남, 「일본의 민간 역사교육 운동의 과거, 현재 그리고 미래 : 역사교육자협의회 활동을

중심으로」, 『역사교육연구』, No.6, 2007
차용구, 「영화로 쓰는 역사 이야기」, 한국사학사학회, 『韓國史學史學報』 Vol.10, 2004.
주경철, 「영화를 위한 변명 - 역사와 영화의 관계에 대한 탐색」, 한국프랑스사학회, 『프랑스사연구』, No.2, 1999.
김순미, 「영화를 활용한 역사수업의 이론과 실제」, 역사교육학회, 『역사교육논집』, Vol.41, 2008.
김보림, 「역사수업에서 영화를 통한 일본사 - 영화 카게무샤(影武者)를 중심으로 -」, 한국일본교육학회, 『한국일본교육학연구』, Vol. 12. No.1, 2007.
김보림, 「영화와 역사」 CI교과목 및 교재 개발 연구 보고서, 2014.
김보림, 「우리 사회의 북한역사 인식과 올바른 역사교육의 필요성」, 충북대학교, 통일준비위원회 공동세미나 발표문, 2016.
김한종, 「다문화사회의 역사교육 다문화사회의 역사교육 : 캐나다 BC 주의 경우」, 『역사교육연구』, No.4, 2006.
김한종, 「다원적 관점의 역사이해와 역사교육」, 『역사교육연구』, No.8, 2008
김남철, 「역사교육에서의 평화교육의 모색」, 『역사교육연구』, No.2, 2005
김민정, 「영화의 역사서술과 역사교육의 가능성」, 역사교육연구회, 『歷史教育』, Vol.94, 2005.
주진오, 「한국 역사영화의 성과와 한계」, 상명대학교 인문과학연구소, 『人文科學研究』, Vol.13, 2003.
방지원, 「역사교육 계열화의 개념과 원리」, 『역사교육연구』, No.3, 2006.
윤세병, 「[학술대회 참관기] 역사 연구와 역사교육의 거리 : 역사교육 연구 4단계 연합 학술대회를 다녀와서 」, 『역사와 교육』, No.7, 2013.
방지원, 「새 교육과정 '역사'의 다원적 관점의 역사이해와 검정 중학교 교과서 서술」, 『역사교육연구』, No.12, 2010.
방지원, 「역사교육에서 '글쓰기 수업'의 실천과 연구 동향」, 『역사교육연구』, No.17, 2013.
카마타 사토시, 「한일 상호 이해를 위한 역사교육연구의 새로운 경향 : 한일 역사교사를 대상으로 한 설문조사 결과를 중심으로」, 『역사교육연구』, No.7, 2008.
김육훈, 「민주공화국의 시민을 기르는 역사교육 시론」, 『역사교육연구』, No.18, 2013.
최용규 · 이광원, 「초등학교 다문화 역사교육의 방안 탐색」, 『사회과교육연구』, Vol.18 No.1, 2011.
주웅영, 「최근 미국 초등 역사교육 연구의 동향」, 『초등교육연구논총』, Vol.19 No.2, 2003.

權五鉉, 「임시 역사교과용도서 조사위원회의 활동과 황국신민화 역사교육」, 『역사교육논집』, Vol.30, 2003.
金基鳳, 「동북아 시대에서 한국사 서술과 역사교육: '국사'를 넘어서」, 『歷史敎育』, Vol.95, 2005.
角田將士, 「일본의 역사교육에서 시민적 자질 형성과 그 변천: 중학교 학습지도요령의 두 가지 교육론」, 『사회과교육연구』, Vol.19 No.4, 2012.
신진균, 「포스트모던 역사학의 구성적 특성과 역사교육에의 적용」, 『역사교육연구』, No.4, 2006.
박순준, 「신문활용을 통한 역사교육」, 『역사와 경계』, Vol.89, 2013.
박명진, 「한국 영화의 역사 재현 방식」, 국제어문학회, 『국제어문』, Vol. 41, 2007.
조희문, 「한말 영화의 전래와 민중생활」, 역사문제연구소, 『역사비평』, No.22, 1993.
김지혜, 「영화로 역사서술은 가능한가」, 『역사비평』, No.39, 1997.
방지원, 「예비역사교사의 교과전문성형성을 위한 교과교육프로그램 운영방안」, 『역사교육연구』, No.10, 2009.
박주현, 「영화가 역사적 진실을 말하다?」, 역사교육연구소, 『역사와 교육』, Vol 2, 2010.
김기봉, 『팩션시대 영화와 역사를 중매하다』, 프로네시스, 2006.
김성곤, 『김성곤 교수의 영화에세이』, 열음사, 2007.
김용성, 『제국의 습격: 영화, 역사를 말하다』, MBC프로덕션, 2008.
윤미영, 『중국 역사와 영화의 만남』, 한국학술정보, 2006.
강성률, 『영화는 역사다』. 살림터, 2010.
연동원, 『역사 속의 성 영화 속의 젠더』, 연경미디어, 2006.
서은미, 『영화에 나타난 세계의 문화와 역사』, 백산출판사, 2012.
김형곤, 『영화로 읽는 서양의 역사』, 새문사, 2008.
민병록, 『영화의 이해』, 집문당, 2005.
이화인문과학원, 『역사의 글쓰기』, 이화여자대학교출판부, 2013.
주창규, 『식민적 근대성과 한국영화』, 소명출판, 2013.
김창진, 『문명과 야만의 블록버스터』, 자리, 2010.
정태수, 『세계 영화 예술의 역사』, 이화여자대학교출판부, 2010.
유재현, 『시네마 온더로드』, 그린비, 2011.
질 들뢰즈, 『영화』, 새길아카데미, 2011.

한국영화사학회 편집부, 『한국영화사 연구』, 새미, 2003.
김갑의, 『세계영화와 한국영화』, 집문당, 1999.
권신영, 「역사를 바라보는 새로운 시선 '황산벌'」, 『씨네포럼』, Vol.10, 2009.
김락기, 「역사영화, 왜곡과 개연성 사이 - 〈평양성〉」, 인천문화재단, 『플랫폼』, Vol.26, 2011.
박순준, 「역사와 영화 : 교과목 개발을 위한 선행연구」, 부산경남사학회, 『역사와 경계』, Vol.74, 2010.
박재영, 「영화 에 나타난 서구중심주의」, 한국외국어대학교 역사문화연구소, 『역사문화연구』, Vol.36, 2010.
송인주, 「영화 포스터 읽기와 역사교실수업」, 역사교육학회, 『역사교육논집』, Vol.51, 2013.
김미현, 「영화, 역사와 관계 맺기」, 학술교육원, 『영상예술연구』, Vol.3, 2003.
박주현, 「영화가 역사적 진실을 말하다?」, 역사교육연구소, 『역사와 교육』, Vol 2, 2010.
차용구, 「영화로 쓰는 역사 이야기」, 한국사학사학회, 『韓國史學史學報』 Vol.10, 2004.
주경철, 「영화를 위한 변명 - 역사와 영화의 관계에 대한 탐색」, 한국프랑스사학회, 『프랑스사연구』, No.2, 1999.
김순미, 「영화를 활용한 역사수업의 이론과 실제」, 역사교육학회, 『역사교육논집』, Vol.41, 2008.
박명진, 「한국 영화의 역사 재현 방식」, 국제어문학회, 『국제어문』, Vol. 41, 2007.
조희문, 「한말 영화의 전래와 민중생활」, 역사문제연구소, 『역사비평』, No.22, 1993.
김지혜, 「영화로 역사서술은 가능한가」, 『역사비평』, No.39, 1997.
2003년~2017년 '교과교재연구 및 지도법' 수업 발표 사례 및 '좋은 수업 콘테스트' 입상자 발표 사례

역사교육론 입문

저　자 | 김보림
발행처 | 충북대학교 출판부
발행인 | 윤여표
주　소 | 28644 충북 청주시 서원구 충대로 1
전　화 | (043) 261-2952, 3014
팩　스 | (043) 274-1256
이메일 | presscbu@chungbuk.ac.kr
등　록 | 제1983-2001-7호
초판1쇄 | 2018년 5월 15일
인쇄처 | 케이프린텍

*이 책은 2014학년도 충북대학교 학술도서지원사업에 의하여 발행되었음
(This work was supported by the academic books of the Chungbuk National University in 2014).

ISBN 978-89-7295-318-0 93370

값 16,000원